98 年横浜高の甲子園春夏連覇（史上５度目）。
松坂大輔（ソフトバンク）―小山良男（元中日）のバッテリー。
ＰＬ学園高を延長 17 回、明徳義塾高を６点差逆転、京都成章高をノーヒットノーランでくだした

高校通算 69 本塁打の筒香嘉智。09 年ドラフト 1 位でＤｅＮＡに入団。
著者は「松井秀喜（元巨人）、清原和博（元西武ほか）に匹敵する逸材」だと言う。
2015 年シーズンは不動の四番としてチーム快進撃の原動力になっている

まえがき　「アマ球界のノムさん」という自負

「データ野球」と言うと、世間では野村克也さん（元南海ほか監督）だ。ノムさんの本はほとんど読ませてもらったが、データを重視したり活用したりすることを「ＩＤ野球」と言うならば、オレも大学生の頃から「ＩＤ野球」をしていた。

野球の試合をするのにデータや分析というのは本当に大事だ。あとで紹介するが、「偵察」はしっかりする。自分のチームの選手と対戦するイメージを持って、自分の目で見る。

１試合見れば、いろんな材料が出てくる。それを試合で生かす。そうすれば例えば「５対４」の僅差の試合を「５対３」で余裕を持って勝てたりする。データの使い方とはそういうものだ。

長年見ていれば、こういう球筋のピッチャーにはどういうスイングをしているバッターが合うかというのもわかる。根拠のないただの直感ではない。

例えば、スタメンで使っていた選手であっても、次の試合のピッチャーに合わないと思えば外すし、合うと思えば控え選手でも１番バッターに抜擢して使う。１番バッターが一番多く相手ピッチャーと対戦するわけだから、そういう選手を繰り上げる。起用はだいたい当たる。

小倉ノート

甲子園の名参謀が明かす「トップチーム」の創り方

小倉清一郎
（元・横浜高校野球部長）

高校時代、アメリカンノックが好きだった涌井秀章（ロッテ）。スピードは3年間で15キロアップ。ランニングが苦手な選手には、目先を変え、結果走っているという練習が身になる（右は著者）

14年日本ハムにドラフト3位入団した浅間大基外野手は一軍で売り出し中。高卒新人の「イースタン・リーグ初年度4月度月間MVP」も史上初の快挙。著者の育てた選手がプロで即活躍できることを証明している

「左を制するチームが甲子園を制す」の言葉もあるが、
横浜高を 03 年センバツ甲子園準優勝に導いた成瀬善久（ヤクルト）。
当時からカーブ、スライダーの変化球を含めたコントロールが抜群だった

そういう分析力を評価してもらってか、実はプロ球団からの誘いもあった。

「データを取って分析してほしい」

「2軍の育成をやってほしい」

しかし、オレは高校野球をやりたかった。今言われたとしてももう年だし、今さらプロの世界に入ることはない。

だが、周囲から「アマチュア球界のノムさん」と言われることは多いし、オレ自身もかなりのものだとは思う。野球以外のことは何にもできないが、こと野球に関しては自信を持っているしプライドもある。ノムさんのことも常に意識している。


さて、毎年、夏の神奈川県大会前に、各校の指導者が集まる会がある。その中で「優勝校はどこだ?」というオレのコーナーがある。2014年は、第1シードが東海大相模高、向上高、横浜高、慶應義塾高。

「でも、慶應の優勝はない! このシード校の中では一番弱い」

「向上も組み合わせの山が楽だから決勝までは来る。でも、向上の優勝もない」

慶應義塾高の上田誠監督も、向上高の平田隆康監督も、他校の指導者も、みんな笑っていたが、実際、当たった。

「ズバリ、優勝は……、東海大相模と横浜の勝者!」

その通りだったではないか。

横浜隼人高が甲子園に出たときも予想が的中した。

「昨秋から今春にかけて良くなって、野球が変わって来ている。面白い存在だぞ。ひょっとしたら隼人があるかもしれない」

２０１５年の順番は頭一つ抜けて東海大相模高、第2グループは桐光学園高、横浜高、平塚学園高、相模原高、慶應義塾高。桐光学園高に良い新1年生選手が集まっているから、2年後がまた楽しみだ。

オレの野球は、考えられるあらゆるケースを洗い出し、反復練習をさせることにある。オレがメモ用紙に書いて選手に渡してきたデータを、世間では「小倉メモ」とか「小倉ノート」とか呼んでいるようだが、1冊にまとめた物が特にあるわけではない。それは心の中に綴ってある。今回その記憶をひもといた。

40年間、オレがどんなふうに野球を教えてきたか、「戦略」と「育成論」の「すべて」がこの1冊に詰まっている。僭越ながら参考にしていただければ幸いだ。

CONTENTS 目次

第2章　戦略1　甲子園への道……39

第3章　戦略2　横浜高「常勝」の秘密　67

第5章　育成1　バッテリー……139

第7章 育成3 打撃……191

第8章　育成4　走塁

（注）現役プロ野球選手は（現在の所属チーム）、
引退したプロ野球選手は「元」を付けて表記してあります。

第1章

小倉野球

野球との出会い

まず、オレが野球を始めたきっかけ、そして「考える野球」の始まりを話す。

オレの地元の間門小学校に野球チームはなくて、低学年の頃はサッカーをやっていた。4年生のとき、近所に住んでいた4歳上の浅倉重義さんに誘われたのが野球の最初。一緒に近くの山を走ったりキャッチボールをしたり。

家の近くに米軍キャンプの住宅街があった。ある日、米軍チーム同士の試合があって、試合を見た。そこで驚かされたのがマイク・ソロムコ。後に阪神に入団して95本塁打を打った選手で、その試合でもホームランを打った。あの強烈な打球は今でも覚えている。

5年生のとき、米軍の少年野球チームと、間門小学校で試合をすることになった。ピッチャーは6年生の柴田勲さん。後に「赤い手袋」の異名で巨人のV9戦士になる。柴田さんは当時からスター選手で、「こういう人がプロ野球選手になるんだろうな」と思わされた。

オレはベーゴマが好きだったが、遊びでも大好きな野球でも、悪知恵を働かせてでも勝つことに執念を燃やした。それこそが、ここまで野球を続けて来た原点になっているのだろう。

地元の大鳥中学2年の春の大会、あと1つ勝てば県大会に出られるという試合、ゲッツーを取ろうとしたセカンドのオレのジャンピングスローが悪送球になって負け。試合後、保土ヶ谷球場の外でアイスクリームを食べていたら、3年生に怒られた。

「オマエのせいで負けたんだ。アイスなんて食ってんじゃねえよ」

大鳥中の森新監督によく言われた。

「ライトに打て。引っ張るな。頭を使って考えて野球をやれ」

今は右バッターの右打ちは当たり前のようにやっているが、当時はそんなふうに言う指導者は他にいなかった。

森先生は当時、横浜界隈ではナンバーワンと言われた指導者。柴田勲さんも育てた。関東大会で優勝して一世を風靡した監督さんだ。

「考える野球」の教科書

もう1つ、オレが「考える野球」をやり始めたきっかけがある。

小学校4年生のときから報知新聞、『野球界』『ベースボール・マガジン』という月刊誌、さらに『週刊ベースボール』も買ってもらった。それがオレの野球の教科書だった。今みたいに細かく戦略や作戦までは書いてなかったが、分解写真がたくさん載っていた。

そこに書いてある技術解説を参考にしてイメージを膨らませていろんなことを考えた。

「このピッチャーはこうなるから球筋がこうなんだ」

「このバッターはここからバットが出ているから打てないんだ」

穴があくほど写真を見つめた。

オレを可愛がり本をたくさん買ってくれたお袋は、96年の冬にクモ膜下出血で亡くなった。98年の松坂大輔（ソフトバンク）らで成し遂げた横浜高の甲子園春夏連覇は見ていない。ずっと応援してくれたから見せてやりたかった。

法政二高に入れず横浜高へ

オレが中学の頃、神奈川は法政二高、慶應高、鎌倉学園高が3強で、次に神奈川商高（現・県商工）、横浜南高。横浜高は神奈川でベスト8に入れるかどうかの学校で、そんなに強くなかった。

オレは甲子園に行きたかったのと、柴田さんとまた一緒にプレーしたくて法政二高を志望したが、当時の田丸仁監督に「ユニフォームは着られるが、レギュラーは難しい」と言われた。

そんなとき、中学の森監督が横浜高を薦めてくれた。森監督と横浜高・林秀雄監督の仲が良く、だが、入ってみたら監督は笹尾晃平さんに代わっていた。

その笹尾監督が平塚の人で、平塚から来た「平塚組」と、横浜から来た「横浜組」に分かれていた。

「平塚組」にいたのが渡辺元智（現・横浜高監督）。オレは内野で渡辺は外野。渡辺が3番か5番を打って、オレは6番。渡辺とは仲が良くて、監督の地元の平塚でキャンプをするときには、渡辺の自宅に泊まった。

オレは足が遅く、今の横浜高では到底レギュラーになれない二流選手だった。

最後の高3夏は県ベスト4。準決勝の相手は、永田善一（元大毎）、竹ノ内雅史（元阪神ほか）らを擁した鎌倉学園高。2対3の惜敗。個人的にはその夏4試合すべてでヒットを打てたが、甲子園に行けなくて悔しかった。

オレは中学ではセカンド、高校ではいろいろなポジションにコンバートされたが、そのあと守るところがなくてキャッチャー。高校でキャッチャーになったことで、より考える野球をやるようになった。

高校、大学とキャッチャーをやっていたからこうして高校野球を教えられたのだと思う。オレたちが卒業した夏に笹尾監督は横浜高を初の甲子園へ導いた。

功労者である笹尾監督の「次の監督は渡辺にやらせてくれ」と言う提言を学校側は守った。

ささやき戦術で「交換条件」を提示

横浜高に進学して監督に言われた。

「オマエは外野も内野もどこもダメだが、野球は好きそうだからキャッチャーでもやれ！」

肩は結構良かったし、コントロールも良いし、捕ってから投げるのも早かった。その一言で最終的にキャッチャーに落ち着いたというわけだ。

打順は6番。バントが上手かったから、サインもよく出た。だが、見て見ぬふりをして打っていた。それでも、ライト打ちができるようになってからは、あまりバントのサインが出なくなった。ライトに打っていれば「よしよし！」と褒められた。

その頃からオレは、結構とっぽい性格で、試合ではいろんなことをしていた。

例えば、試合のとき、相手のキャッチャーが打席に入ると、こうささやくのだ。

「今度はストレート。その次はカーブだ！」

オレがバッターボックスに入ったとき、

「おいオマエ、オレがさっき全部球種を教えただろ。嘘ついてなかっただろう。だから、オマエも全部教えろ！　次も教えてやるから、お互い打たせっこしようぜ！」

相手もしぶしぶ提案にのって来た。

球審は笑っていた。ただ、地元でこの「ささやき交換戦術」の噂が広がるとマズい。県外遠征のときだけに限定したから、よく「遠征試合に強い」と言われて、県外遠征だけ打順3番を打っていた。

キャッチャーで守っているときのこと。

ランナーが二塁にいて、ヒットでバックホームというとき、「あーダメダメ、間に合わないよ」というジェスチャーをする。すると、三塁からホームを見て走って来るランナーは「余裕でセーフだな」とスピードを緩める。そこで、しっかり外野から返球をもらってタッチアウト。今ではみんな当たり前にやるが、当時は画期的なプレーだった。

バッターがバッターボックスで軽く素振りをするとき、インコースに左手を伸ばしてミットをバットにわざと当てる。「インコースに構えているんだな」と打者に思わせておいて、アウトコースに投げさせる。2度目は本当にインコースに投げさせる。

ノムさんの「ささやき戦術」よろしく、オレもいろいろささやいてバッターの気を散らせるのが得意だった。

「チャック開いてんぞ！」

「あそこで見てるの、オマエの彼女じゃないの？」

当時、川上哲治監督率いる巨人軍がアメリカのベロビーチキャンプで、いわゆる「ドジャースの戦法」を輸入した。実際にそのプレーを目にするたびに、目から鱗が落ちる思いだった。

例えば、テレビの巨人戦で、「1↓2↓4」で一塁ランナーを刺したシーン。ピッチャーが投球し、セカンドが一塁ランナーの後ろから回り込んだところに、キャッチャーからのけん制球が行ってタッチアウト。

これも今では当たり前のプレーになっているが、当時は驚愕した。だが、同時に思ったものだ。

「考えることでアウトにしたりセーフになったりすることはいっぱいあるんじゃないか」

プロを目指すが、「誘惑」に負けた

大学は、東都大学野球リーグ2部の東京農業大。

2年春にキャッチャーのレギュラーを獲った。1部と2部の入れ替え戦も3度経験したが、全部負け。ついに1部には上がれなかった。

あの頃、東都2部は神宮第2球場で土日開催だったから、神宮球場で早慶戦をやっているときなど、紙吹雪が神宮第2まで飛んで来た。観客満員の本球場でプレーする東京六大学の選手たちが羨ましかった。

オレは肩が良くて作戦を見破るのも上手かったから、盗塁はほとんどされなかった。1シーズン（10〜15試合）のオレの目標が「1つも盗塁をされないこと」。シーズンで1、2個は盗塁されて目標は達成できなかったが、そのくらいの強肩捕手だった。

あの頃は真剣にプロを目指していた。朝は5時に起きて馬事公苑をランニング、夜も誰もいないところで素振りを続けた。

しかし、今考えればバットのヘッドが出て来ない間違ったスイングをしていた。そのため、いっこうにバッティングが良くならない。試合で結果も出ない。ある日突然「オレには素質がない！」と思い込んでしまった。そこから朝晩の練習もしなくなり、麻雀ばかりやるようになった。

麻雀でお金は使うわ、近所の中華料理屋、日本そば屋でツケで食べるわ。借金がたまりにたまった。借金を返す術は、夏休みと冬休みのアルバイト。何のアルバイトかというと、これが高校野球部のコーチ。

意外と金をくれた。新潟のある県立高校にコーチに行ったときは、日当8千円。2週間で10万円くらいくれた。当時は仕送りの平均が2万円とか2万5千円の時代だから、大きかった。思えば、これが高校野球の指導の始まりだった。

あとは中央高速道路の工事、ダイナマイト穴あけの助手、郵便配達……、いろんなアルバイトをしたが、やはり野球が好きだった。だから高校の野球部コーチは楽しかった。プロ野球選手になる夢をあきらめたとき、高校の指導者を目指そうと真剣に思い始めた。

就職内定取り消し、教職免許の取得は挫折

大学4年生になったとき、社会人野球の富士重工や日本新薬から誘いがあったが、オレはどうしても熊谷組で野球をやりたかった。

その入部テスト、立教大で長嶋茂雄さんの2年先輩、都市対抗出場16度の「ミスター社会人野球」古田昌幸さんがバッターボックスに立った。古田さんは後に熊谷組の監督もして野球殿堂入りをしている。

ピッチャーが投げたカーブ、マスクをかぶるオレは間違いなく打たれると思った。わざ

と左腕を伸ばした。ミットをバットで打たれて打撃妨害だ。

「さっき僕のとき、あれは思わず手が出ちゃったんだね」

「いえ、ド真ん中に来たんで、わざと出しました」

「キミは凄いね……。合格だよ」

その夏に都市対抗で熊谷組が優勝した。すると、あがる（引退する）はずの選手が現役続行となったのだろうか。

「入社が決まっていた5人のうち3人しか獲れなくなった」

「それはないでしょう……。約束が違います」

「堪忍してください」

その後、声をかけてくれた三菱自動車川崎でプレーしているときに、ある人から「神奈川のある高校の監督をやらせてやる」と言われた。

しかし、いざ行ってみたら保険証も出ない、給料も日給月給だという。これは誠意がないなと慌てて河合楽器に頼んで野球をやらせてもらうことになった。

ところが3カ月くらい野球をやっていなかったから体力も落ちていた。グラウンド後方にある工場の工業用水を飲むと、塩分が入っていて美味かった。たくさん飲んでいたら肝臓を壊した。入退院を繰り返しているうちにプレーするのがおっくうになった。

25歳のとき河合楽器も辞めて、自分のオヤジがやっていた水道会社の下請けになった。

手に職を持てばいいだろうと必死で仕事を覚えた。当時は、今の神奈川県庁やら霞ヶ関ビルの1階から10階までやったり、横浜駅の高島屋の増築をやったり。4年間くらい水道関係の大きな仕事をしていた。

教職免許は、指導者を目指し始めた東農大2年からチャレンジした。教職課程の講義は夕方の4時や5時から始まる。ただ、これに耐えられなかった。みんながパチンコや麻雀に行ったりするから、誘惑に負けて、講義に出るのを半年で辞めてしまった。

あの時点で取っておけば苦労することもなかった。結局、教職課程は52歳くらいから再び取り始めた。後に教職を取らねばならなくなった理由というのが、高校野球部の部長としてベンチに入るには「教職免許が必要」ということだったから。

大学時代に取得していた単位は生かせたから、それ以外のものを勉強したのだが、農業の免許しか取れなかった。横浜高には農業の授業など、ない。高校に聞いてみた。

「それでもいいんですか?」

「教職免許があればいい」

だから必死になって農業の免許を取りに行った。教え子が東農大にいたので、彼やその彼女にも代返やノートを手伝ってもらった。

必死になって手に入れた教職免許だが、さっきも言った通り、横浜高には農業の授業はない。だから授業の助手みたいなことをしていた。

実質的には用務員。教員の給料はもらっていない。営繕と言って、学校の机や椅子が壊れたときに直したり、グラウンドに小屋を作ったり。グラウンド三塁側の真後ろにある小屋は、全部私が作った。水道屋をやっていた経験が思わぬところで生きたものだ。

サインを見破り、静岡代表で甲子園

野球から離れて4年ほど水道屋をやっていた28歳の頃だ。知人の東海大一高（現・東海大翔洋高＝静岡）監督就任にあたり、「コーチとして来い」と呼ばれた。野球の世界に戻れた。高校野球の指導者は夢だったから嬉しかった。

東海大一高に行ってすぐ、静清工高（現・静清高）を大差で破り、春の静岡県大会で優勝した。だが、夏は優勝候補に挙げられながら1回戦でまさかのコールド負けと苦汁をなめた。

以来2年間は、静岡高に植松精一（元阪神）、白鳥重治、水野彰夫らスター選手がいて手を焼いた。江川卓（元巨人ほか）と同じ学年だ。

東海大一高に行って4年目の76年、ついに春夏連続で甲子園の土を踏んだ。

3年目の秋の県大会のブロック予選で清水東高に負けながら敗者復活戦から勝ち上がり、再び当たった清水東高を倒した。そこから本戦に出て優勝。東海大会に出場し、決勝に進出して東海2位で翌春のセンバツ甲子園に行くことができたのだ。

しかし、センバツ甲子園で1カ月以上仕事を休んだのにコーチでもらった手当は5万円。水道屋を専門でやっていれば1カ月30万円はもらえるのに、さすがに割が合わない。それで「もう辞める」と言った。

ただ、その頃のオレは、選手に人気があった。

「そんなこと言わずに、夏までやってください」

夏の決勝の相手は静岡高。緊迫した展開の中、三塁コーチャーをしていた選手が、相手の野島譲監督が「顔を触るとスクイズをウエストする」サインを見破った。こちらは急きょ、「スクイズ中止」のサインを作った。

試合は9回で決着がつかず、そこからも膠着状態。延長17回にノーアウトでランナーが出た。一か八かで二塁盗塁をさせて成功、バントで送ってワンアウト三塁。

そこから相手はこちらのスクイズを警戒してずっとウエスト。監督が顔を触るたびに三塁コーチャーがランナーに教えて三塁にとどまらせた。

結局2人が四球で満塁になり、ワンアウト満塁、カウント2ボールのところで「スクイズをウエスト」のサインが出なかった。すかさず「スクイズ行け！」。しっかり決めて2

対1で静岡高をくだした。

ただ単に選手がプレーするだけでは勝てない。こういう「勝つための方法」をしていかなくては。選手にも、日頃から「考える野球」「勝つための何かを探す意識」を植えつけて来たからこそ、あの場面で三塁コーチャーが相手監督のサインを見抜いたのだ。

春のセンバツ甲子園では初戦敗退したが、夏の甲子園では浜田高（島根）に6対1で勝った。記念すべきオレの甲子園初勝利だった。その頃から、ちまたで噂になり始めたらしい。

「小倉ってヤツは、やるじゃないか」

あの原貢監督に口ごたえ？

東海大一高のときに、東海大相模高と三保の松原（静岡）で合同練習をしたことがあった。東海大相模高の監督は、あの原貢さん（巨人・原辰徳監督の父）だ。

オレが外野ノックをしているところに、東海大相模高の選手が入って来た。高いフライを「目を切って追え！」と叫んだら、原のオヤジさんがすっ飛んで来た。

「オマエ、何言ってるんだ。甲子園には銀傘があってな、バックネットがとてつもなく高くてな、夏はお客さんが満員でスタンドは白一色なんだ。打球から目を切ったらもう、打球を見失っちゃってどうにもならないだろう」

「甲子園に出たことはないけど、甲子園の銀傘はわかってます。オレは低い打球に目を切れなんて言ってないですよ。低いライナーはもちろん甲子園では目を切れないです。でも、銀傘より上に行った打球、高い打球は空だから球が見える。そういう打球は目を切れって言ってるんです」

オレは言ってやった。

「オマエは生意気だ。オレは〝東海（大相模高）の原〟、その前は〝三池（工業高）の原〟と言ってな。オレに逆らったヤツはいないんだ」

横浜高に行ってからも、原さんはオレのことを「東海大一高にいた小倉だ」と知らなかったと思うのだが、あるとき人づてに聞いた。

「横浜高はな、小倉っていうのがやってるんだ。アイツは野球を知っている。だから強くなってるんだ」

オレのことを認めてくれていたのだ。

横浜高の監督に就任

再び横浜に戻って水道屋の仕事をしていた。

「1時間ぐらいパチンコやるか」

休み時間に地下足袋を履いて磯子駅近辺を歩いていたら、横浜高時代のチームメイトで、横浜高の監督をしていた渡辺元智に交差点の信号待ちで偶然バッタリ出会った。渡辺は車に乗っていた。

「何してるんだこんなところで。東海大一高はどうしたんだ」

「東海大一高は辞めて、横浜に帰ってきたんだよ」

渡辺は渡りに船だったようだ。教職免許を取得中で、平日は毎晩大学通い。グラウンドには土日しか出られていない時期だった。

それから数日後、オレと女房が渡辺監督から中華街に呼ばれた。

「一緒にやろう!」

口説かれた。教職免許を取得中の渡辺に代わり、オレが横浜高の監督に就任したというわけだ。

しかし、ある事件の責任を取れとオレに言って来たり、愛甲猛(元ロッテほか)・安西健二（元巨人）・牧田圭一郎ら力のある1年生選手を抜擢したこともあり、面白くない上級生や親にオレは集中砲火を浴びた。

「渡辺監督に息子を預けたのに、小倉が横から出てきてウチの子をメンバーからはずした。謹慎しろ！」

「いつまで謹慎なんだ？」

「夏の大会が終わるまでだ。終わったらまた戻っていい」

「その話はおかしいだろう」

オレはケツをまくって即、辞めた。2日後ぐらいにはライバルの横浜商高（以下、Y校）に行った。

Y校で甲子園春夏準優勝

なんでY校かって？　横浜高への思いが「可愛さ余って憎さ百倍」だったから、横浜高を倒すべくY校だった。

Y校はかつて甲子園に出た名門だが、もう40年以上も甲子園出場から遠ざかっていて、県大会ではダークホース止まりだった。ただ、好選手はいる。横浜高を倒せる。そこで、当時の監督に売り込んだ。

「甲子園、行きたいだろ。だったらオレを使え」

オレは、こと野球に関しては誰にも負けない自信があったから。

対戦相手としてY校も分析していたが、例年打順1、3、4番は横浜高に比べれば小粒でも、7、8、9番はY校の方が上だった。足が速くて細かなことができる選手もそろっていた。

ピッチャーは193センチの長身で「ジャンボ宮城」のニックネームで呼ばれた宮城弘明（元ヤクルト）が1年生にいた。2階から投げ下ろすような角度がある。キャッチャーもまずまず。センターには西尾善政（元巨人）といういい選手がいた。そして1年後、コーチとして甲子園に行かせたわけだ。

そのジャンボ宮城、実はオレが横浜高の監督時代にスカウトしたが、全然相手にしてもらえなかった。それが、Y校に行って出会うのだから不思議な縁だ。

オレはコーチだからベンチに入れなかった。だが、野球のベンチ裏には着替えやスイングをするスペースが隣接していて、当時の神奈川ではそこにいられたので、ベンチ裏から監督にアドバイスを送ることができ、ベンチ入りしているのと同じだった。今の時代はそんなことをしたらすぐに追い出されてしまうが……。

基本的な練習、勝つための練習もさせたが、「試合におけるデータ」をたくさん取った。

Y校の監督は勝ちたいからオレの話を参考にして、こちらが言う練習をしっかり試合で実行する。バントやヒットエンドランなど、全部こちらが言う通りにサインを出していた。

その後もエース・三浦将明（元中日）のときには春夏連続で甲子園準優勝。優勝は、春が水野雄仁（元巨人）の池田高（徳島）、夏は桑田真澄（元巨人）・清原和博（元西武ほか）のPL学園高（大阪）だった。

あの83年は、水道屋の仕事がたまたまY校に近い現場だったということもあって、毎日夕方4時にはグラウンドに行ける利点もあった。

オレがY校の指導をしていた12年の間、横浜高は甲子園に4度。Y校に行った翌年に横浜高は愛甲、安西、牧田圭一郎、宍倉一昭、沼澤尚らを擁して全国優勝をしたが、彼らはオレが横浜高の監督時代に教えた選手たちだ。その12年間に、オレはY校を倍の8度甲子園に出場させている。

原辰徳いわく「神奈川の高校野球を変えた男」

渡辺監督も、病気で休養したり、高野連の仕事もあって忙しくてグラウンドになかなか行けなくて、上野貴士に監督をやらせたりした。「やっぱり小倉がいてくれたら」という思いもあったのか、「小倉、横浜高に戻って来い」と言って来た。

横浜高への恨みは薄れたにしても簡単にOKの返事は出さなかったし、そのままY校に残りたいという思いもあった。だが、昼間に水道屋の仕事をして、夕方にY校で教えるという生活も大変だった。だから横浜高に戻った。そしてすぐ春の甲子園に出させた。

しかし、最初は学校が雇ってくれたわけではなく、半年が過ぎた頃から前述のように営繕（用務員）の仕事をしていた。そのうち、学校から「教職免許を取れ」と言われて、52歳から学校に通って54歳のとき取得した。自分で言うのも何だが、波乱万丈だ。

ただ、東海大一高、Y校、横浜高と3校で計31度甲子園に行っている。自慢話みたいになって恐縮だが、神奈川の高校野球はずっと10年周期だった。田丸仁さんが法政二高で一時代を築いた。そのあとは原貢さんが東海大相模高で。次はオレがY校で。

その後はオレと渡辺監督とでこの25年間、神奈川高校球界で君臨してきたわけだ。計35年の間、トップで戦い続けるというのはなかなか難しい。

この前、巨人のタッちゃん（原辰徳監督）の言葉を人づてに聞いて嬉しかった。

「ウチのオヤジが神奈川の野球を変えたけど、もう1人は小倉さんだよね」

100%成功するスクイズの秘策

「ここぞ」の場面で使いたい戦法は結構ある。今は現場を引退したから、ある程度は公開していいと思っている。だから、この本の中でいろいろ書くが、どうしても書けないものが1つだけある。

それは「100%近い確率で成功するスクイズ」。

「100%近く失敗しないスクイズ」とも言い換えられる。

しかし、それを披露してしまい、みんなが読んで、多くの高校がやるようになったら、高校野球が面白くなくなる。高校野球におけるスクイズが占める割合はとても大きいから。もったいぶって悪いが、ここでは書かない。

そのスクイズ、実はオレがY校から横浜高に戻ったあと「オレが来たからには絶対甲子園に行かせてやる!」という思いで使った。結果、3年連続センバツ甲子園出場を果たした(92～94年)。そういう「必勝作戦」だった。

ところが、なぜか渡辺監督はだんだん試合であのスクイズのサインを出さなくなった。

「普通のスクイズ」をやってウエストばかりされ失敗していた。

「なんであのスクイズをやらないんだ?」

「その練習をさせてないからだ」

「試合で使えば絶対勝てる戦法を、試合で使わないから練習もしないのだ」

それでまた高浜祐仁や浅間大基（いずれも日本ハム）の代のときにやり出して、秋の県大会、関東大会でもあのスクイズを使って勝って２０１４年センバツ甲子園に出場した。

盟友・渡辺元智監督とは「好敵手」

渡辺監督には感謝している。東海大一高から戻ってきて野球から離れているときに声をかけてもらった。

渡辺とは「あうんの呼吸」と思われているかもしれないが、喧嘩もよくした。采配の違いもある。渡辺はバントが好きだ。

オレがベンチに入っているときは、先発オーダー決定も選手交代もオレが渡辺に「代えるよ！」と一言言って、あとは自由にやらせてもらった。

01年夏の県大会決勝、センバツ甲子園に出ていた桐光学園高と激突。先発ピッチャーが畠山太（富士重工）、キャッチャーが2年生の田中勝治（JR東日本）。序盤に6点取られて、バッテリーごと代えた。

ピッチャーは2年生の左の福井良輔（JEF東日本）、キャッチャーはキャプテンの平田徹（現・横浜高部長）に。すると流れも変わってうまくいった。結局10対7で2年連続の甲子園切符をつかんだ。

さかのぼれば、93年夏の県大会決勝。そこまで21打数11安打と打率5割超えの高橋光信（元中日ほか）に、ノーアウト一塁の場面で渡辺は2度連続送りバントをさせた。それも、狭い川崎球場で。それもあって夏の県大会、3年連続準優勝。オレは「やっていられない」と、表彰式も出ないで帰った。

あまりにもオレが怒ったからか、

「イヤなら、○○高校の監督をやればいいだろう」

「オレは行かないよ。ひとこと言わせてもらえれば、もうちょい状況を考えたらどうだったんだい」

渡辺は何も言わなかった。それでその場は終わった。

それでもやはり渡辺もオレを認めてくれているのだろう。オレも監督は渡辺でなければという思いもある。だから、2人でずっとやって来た。高校からの同級生、盟友だ。

渡辺とは、甲子園に行ったら、必ず2度は2人だけで飲みに行く。1度は寿司屋、もう1度は焼肉屋。野球の話もするが、戦略的な話はあまりしない。意外だと思われるだろうが、「いろいろな話」をする。

甲子園の準決勝や決勝まで進むと、注目される渡辺を見て「チクショー」と思うこともある。ただ、松坂のあたりからは、甲子園ではオレのところにも記者がたくさん来るようになった。

高野連の世話役の理事さんにも言われた。

「長い間やっているけど、こんなにいっぱい取材される部長さんは初めて見た」

部長のオレが選手交代を指示していることを知っていた記者も多いからだ。

親の死に目より高校野球

正直な話、長年見ている中で、選手の中には可愛いヤツもいれば、可愛くないヤツもいる。オレも人間だし、コンチクショーと思う選手もいる。しかし、指導しているときは選手第一。預かった選手たちを甲子園に行かせてやりたいと思う。本当に。

オヤジが危篤のとき、お袋に言われた。

「お父さん死んじゃいそう。今日は練習に行かないで病院に来てよ」

「いやいや、オレには80人の子供が待ってるんだから、そういうわけにはいかないだろう」

「だって……」

「オレがそこにいたらオヤジの命が助かるってもんじゃないだろう」

結局その日、オヤジは旅立った。死に目に会えなかった。しかし、やはりグラウンドには子供らがいる。あれでよかったはずだ……。

昔は選手に人気があった時代もあったが、今は年も離れすぎている。「あんなうるさいのとやりたくない」と言う選手もいれば、「教わって上手くなりたい」と思ってくれる選手もいるだろう。

ただ、うるさく厳しいのは、夢を叶えてやりたいという一心からだ。いくら一生懸命やっても、正しいことをしないと上手くならない。

オレ自身、大学時代、間違った素振りをしていてプロを断念した経緯がある。プロになれる能力のある選手には、稼がせてやりたいと思う。

大学や社会人に進む選手も多いが、入部テストにはなるべく付いて行って選手に協力をしているつもりだ。オレも内定していた社会人チームに落とされた苦い経験があるから、教え子にあの悲哀を味わわせたくない。

２０１４年夏にコーチを退いたが、横浜高時代の教え子たちも、Y校時代の教え子たちも、盛大な謝恩会を開いてくれた。照れくさかったが、本当に嬉しかった。

第2章

戦略1　甲子園への道

スカウティング。投手10人、ショート10人

「どうしたら甲子園に行けますか?」

よく聞かれる。毎年、1、2回戦で負けてしまう高校をいきなり甲子園に行かせるのはオレにも無理だ。だが、3回戦くらいの高校ならベスト4くらいまで行かせることはできる。物事には段階がある。

それ以上は、ある程度の素材の選手がいないと厳しい。普通の選手にゼロから手取り足取り教え込むより、ダイヤモンドの原石を自分で発掘し、それを磨くほうが早いし強くなる。オレは東海大一高、Y校、横浜高と別の3校を甲子園に行かせたが、そうやってきた。とはいえ、スカウティングがすべてではない。並行して、後述する「育成」が当然ながら大事になるのだ。

さて、今でこそ、いろんな高校の監督やコーチ、部長らが中学生をスカウトしているが、オレは今から30年も40年も前から自分の足で歩いて、目で見て、選手をスカウトして来た。

横浜高が愛甲猛—片平保彦(元大洋)のバッテリーで全国制覇したときの監督はオレではないが、愛甲、安西、牧田、沼澤、宍倉らをスカウトして獲ってきたのはオレだ。

あの当時、スカウト活動をしていたのはほんの数人だ。オレと、桐蔭学園高の監督の木

本芳雄さんと、藤沢商高（現・藤沢翔陵高）監督の金子裕さんくらい。金子さんに「田代富雄（元大洋）だけは絶対獲らないでくれ」と言われたのも思い出の1つだ。

中学では、だいたい能力のある選手がピッチャーかショートをやっている。できるならばピッチャーを10人、ショートを10人獲ればいい。その中でいいピッチャーを3〜4人残して残りは野手にコンバートするのだ。ショートも一番いい選手をショートに残して、あとは分散させる。

ただ今の時代、キャッチャーは専門職になったので、高校に来てから他のポジションからキャッチャーに回すことが難しくなっている。キャッチャーは2人ほど獲っておくといい。

バッターは「強肩」「俊足」「振る力」が1つの目安

では、選手のどこを見るのか。どんな選手を連れて来たらいいのか。

強肩と俊足は体幹でつながっている。肩が強い選手は、だいたいは足も速い。しかし、すべてがそうとは限らない。

オレがスカウトするとき、強肩と言うのは、中学3年生で「遠投90メートル」くらい。

80メートルでは難しい。

俊足と言える基準は「50メートル6秒フラット」。5秒台なら最高だが、せめて6秒2まで。6秒3や4になったら遅いだろう。横浜高出身の多村仁（DeNA）や斉藤宜之（元巨人ほか）は、中学3年のときで5秒8や9。

とはいえ、肩にしても足にしても、そんな好素材はなかなか存在しない。

ただ、足はある程度は速くなるもの。昔と違って今は陸上専門の先生がいて野球にアレンジした走り方を教えてくれる。

だから特にどこを見るかといったら、まずは肩となるのだ。

こちらも昔と違って、ウエイトトレーニングなどで肩も多少は強くできるとはいえ、やはり生まれ持った「地肩の強さ」のある選手がほしい。

あとは体に「力」がある選手。中学生を見ていて「いいな」と思う選手でも、バットの重さが830グラムくらいの物を使っていると、スカウトするか躊躇してしまう。高校野球では900グラムだ。せめて880グラムぐらいを振れるようにしておいてくれないと、高校に来たとき、「あれ、こんなに振れなかったっけ……」と、こちらが違和感を抱いてしまう。

軟式野球だともともとバットが軽いので、高校で900グラムのバットを振るとヘッドが落ちてしまう。そういう意味でバッターには「振る力」がないと高校では厳しい。

その点、守備は軟球と硬球でバウンドが違っても、軟式出身の選手も高校入学後のノックで何とかなるから大丈夫だ。

守備は、要は股関節が柔らかいか、股が割れるか。硬ければ、相撲の世界と一緒で股関節をギューギューやって柔らかくしないといけない。

上地雄輔はやはりスターだった

横浜高野球部出身、映画『ROOKIES』出演などでも知られるタレントの上地雄輔は、横須賀の中学軟式クラブチームのスーパースターだった。

バッティングも良いし、肩も良いし、捕ってから投げるのも早い。オレが3度も4度も足を運んで一生懸命追いかけてスカウトした選手だ。

元気があってとても頑張る子。1学年下の松坂大輔（ソフトバンク）とバッテリーを組んで、同じく1学年下の小山良男（元中日）と正捕手の座を争った。負けたくないと思って一生懸命やり過ぎて肩を壊してしまったのは残念だった。

上地は性格が本当に良くて先輩に可愛がられ、同級生に好かれ、後輩に慕われていた。今の芸能界での交友関係を見ていてもよくわかる。

最初は「おバカキャラ」でブレイクしたが、バカではない。あれはわざとやっていた部分もあるのではないかとオレは見ていた。おっちょこちょいで、高校時代も溝に落ちたり、くだらないケガはしていたが……。

タレントになってからバッティングケージを2つも寄付してくれた。昨夏、オレが引退したときも、横浜高の3年生選手も全員呼んで記念コンサートをしてくれるとまで言ってくれた。アイツは気もカネも使えるいい男だ。

ピッチャーは「130キロ」か「決め球となる変化球」が判断基準

勝つためには何と言ってもピッチャーが必要。ピッチャーを見るときは、やはりスピード。中学3年生で130キロは欲しい。甲子園を本気で狙うような学校は特に。

横浜高だと、松坂が133～134キロ。成瀬善久（ヤクルト）が130キロ、涌井秀章（ロッテ）が133キロで入って来た。実は入ってきた時点ではもっと球速があったピッチャーがいた。成瀬の代に戸塚シニアからきた山﨑健治は、140キロを超えていた。

ただ、現在の高校野球では、ピッチングマシンで打ち込めば、打者は速球にいくらでも対応できる。それゆえ、「スピード」がなければ、「決め球となる変化球を持つ」というのがスカウティングの1つの目安、判断基準となる。

●松坂大輔は背筋が強かった

松坂は江戸川南シニアのときに見に行ったが、球は速かった。その春、松坂はシニアの春の全国選抜大会で準優勝投手になったが、結構打たれてもいた。だから「全国何十校から誘いがあった」との話もあるが、実際そこまでみんな熱心ではなかった。

横浜高に来ることになっていた中本牧シニアの小池正晃（元横浜ほか）、小山良男、常盤良太らは、全国大会で松坂からパッカンパッカン打っていたから、「アイツが横浜高のピッチャーじゃ甲子園出場は無理だ」という感じで見ていたらしい。

しかし、オレが獲りにいった理由は「球の速さ」プラス「背筋が強そうだった」こと。剣道をやっていた祖父が背筋が強かったと聞いたこともある。

腕の振りも他のピッチャーとは違っていて、投げ終えたフォロースルーの右手が背中のほうまで届いていた。背筋が強くなければあそこまで腕は振れないだろうし、「凄いピッチャーになる」予感が漂っていた。

小池や小山、常盤には「3年後にはお前らが束になっても打てないピッチャーになるぞ」と断言した。

●成瀬善久は針の穴を通すコントロールと変化球2つ

成瀬の変化球はスライダーとカーブの2つが抜群だった。それを含めてコントロールがケタ違いに良かった。中学軟式の関東大会でほとんど点を取られてないのが凄かった。中学校の先生がオレに預けたいと言ってくれて獲得できた。

●涌井秀章はスピード

涌井は「千葉の松戸シニアにいいピッチャーがいる」と聞いて、慌てて見に行った逸材だ。チーム的には強くなかったから早く負けてしまって、1試合しか見られなかった。

当時、目黒東シニアに伊藤余美也という好投手がいて追いかけていたのだが、133キロを出していた涌井を見たらほしくなった。

しかし、涌井が同じ神奈川の桐蔭学園高からも勧誘されていて野球部を見学に行くという噂を聞いた。オレはあせった。

「桐蔭学園高は施設がいいから、見学に行ったらそのまま持っていかれる……」

ただ、親父さんがオレの育成力に惚れてくれていて、涌井に言ってくれたらしい。

「いいピッチャーになりたいなら小倉さんのところに行け！」

中学全国制覇の「絶対エース」は危険

●肩は消耗品

中学生を見に行くたびに、いつも投げているピッチャーは心配になる。いくら良いピッチャーでも、体ができていないのに勝利至上主義で投げ続けていれば故障につながる。勝ちたいから1人のピッチャーを酷使するのはナンセンス。中学野球の監督たちに「また投げさせてんの？　ぶっ壊れちゃうよ！」と、よく言ってやったものだ。

中学時代に1人で投げて全国制覇したというピッチャーは、高校では大成しないことが多い。肩は消耗品だから。

もしかしたら選手のほうが痛いことを隠して投げていたかもしれない。痛いときは多少フォームが違うはず。指導者ならそこを見抜いてやらないといけない。痛いときに投げさせなければ、大事に至らずに済んでいるはずだ。

その意味で、そんなに強くないチームで毎試合投げている「絶対エース」よりも、ピッチャーが何人かいて競い合いながら投げているようなチームから1人ピッチャーを連れて来るほうがいい。

松井光介（元ヤクルト）は、江戸川南シニアで松坂の2つ上。4人良い選手がいた中で、オレが松井を指名すると、そこの監督が驚いて「誰も松井をほしいとは言わないですよ」と。オレはバネがあった松井がよかった。結局、そのときの4人の中で一番出世したのは松井。オレの目は間違っていなかった。

本当は、中学生の性格的な部分もわかったらいいが、ある程度接しなければ性格はわからない。プロのドラフトと一緒で「外れ」もいっぱいいる。

「この子は今年のドラフト1位だ！」と思っても、言葉は悪いが、期待はずれの選手もいるし、逆に大して期待していなかった選手が活躍したり。

ただ、プロだと8人獲っても使える選手が1、2人と確率は低いが、高校野球は10人獲ってきたら7人は使える。

やりやすい部員数

●1学年15人で45人がベスト

自前グラウンドの有無、サブグラウンドの有無などにもよるが、1学年15人×3学年＝45人くらいがちょうどいい。ただ、人気が高い高校野球部はその人数では収まらない。

横浜高は、野球で入ってくる選手以外に一般でも野球部に入ってくるので、1学年40人になる。「YOKOHAMAのユニフォームに袖を通したい」と憧れる生徒は結構存在するのだ。

しかし、これだと3学年120人になる。「レギュラー組の1軍」「将来性ある1、2年生の2軍」「一般で入ってくる3軍」の、3カ所で練習や試合をすることになって大変だ。

近隣で理想の人数でやっている学校は桐光学園高だろうか。「野球で獲る選手＋桐光学園中から上がってくる選手」で1学年約15人程度。

逆に、智弁和歌山高などは1学年10人の少数精鋭だと聞く。3年生が引退する頃は計20人。素朴な疑問として紅白戦をやるのが難しくないだろうか。

●実力互角なら上級生を使う？

その昔は、3年生と2年生で力が互角だったら、翌年のチーム編成も考え、上級生を飛ばして下級生を使っているチームが結構あった。横浜高もそうだった。

だが、今はいろいろな理由で、圧倒的に多くの学校が3年生主体でやるようになった。

かつてはB戦（2軍戦）などはやらなかったが、今はB戦で試合経験を積ませられる。

また、時代の変化だろう。上級生を外して下級生を使うと保護者からうるさく言われることもある。3年生になってベンチを外されると、目標を喪失し、良からぬ道に行ってしまう心配もある。最近は、下級生は「自分の代で甲子園に行きなさい」という風潮にある。

そうは言っても、1年生でもダントツの力があれば試合で使ってもいいと思う。かつては荒木大輔、桑田真澄、清原和博などが甲子園を大いに沸かせた。

ただ、1年生から使うと「伸びしろ」がなくなることもある。天狗になるのだ。選手の性格にもよるが、よほど注意しないとチームの中で浮いたり、野球より女の子に走ってしまうケースがある。

●伸びるのは「野球観戦」ができる選手

素材が良いからといって、そのまま順風満帆に良くなるわけではない。ありきたりの表現と思わないでいただきたいが、伸びて行くのは「自分に負けない」選手だ。だいたいが自分に負けてしまう。

これまで中学生を見て来て「化け物」だと思った逸材は、横浜高に来た中では紀田彰一(元横浜ほか)、斉藤宜之、高橋光信、筒香嘉智(DeNA)。

横浜高以外では、武蔵府中シニアにいたO選手、千葉北シニアにいたT選手。

横浜高に来た4選手はちゃんとプロに送り出したが、違うところに行った2選手は残念ながら高校で終わった。

彼らに限らず、実力がありながらプロ入りできずに野球を辞めていった理由は、ほとんどが、自分に負けていた。「今日はスイングやりたくない」「今日は走りたくない」。そこで自分に勝った選手こそが生き残っていった。

そんな経験値から、指導者としての座右の銘、モットーを「色紙に一言」と言われれば、「己に勝て」だ。

ただ、色紙にはあまり書きたくない。というのも渡辺監督の字が上手すぎる。最初はヘタだったのに、凄く上手くなった。あれはひそかに練習したのだろう。たぶんペン習字をやったのだと思う。

伸びる選手には、もう1つある。

最近は、地上波でプロ野球のテレビ中継もやっていないし、野球を観ていない子、知らない子が多い。その点、中学生なら高校野球、高校生なら大学野球やプロ野球を1試合最後まで見られる子は伸びていく。それだけ野球が好きだということだから。単純明快と言うより最低限のことだ。

絶対的キャプテンがいる代は強い

チーム作りをしていくうえで、キャプテンはやはり大事だ。だいたいは渡辺監督とオレとで決めて来たが、決め手がないときは部員に投票させる。

横浜高で、歴代のベストキャプテンは誰か？

ボクサーになった松岡政だ。松坂を擁して春夏連覇をした代の2つ下。松岡は今もそうだが、常に「闘っている」。チームメイトも松岡の言うことには怖くて誰も逆らえなかった。統率力があるキャプテンがいるときは、当然ながら統制が取れてチームは強い。全国制覇はできなかったが、ちゃんと甲子園に導いて、ベスト8入りも果たした。

今、社会人野球で頑張っている小川健太（九州三菱自動車）もまずまずだった。松本幸一郎（東芝）、土屋健二（DeNA）という個性派のメンバーをよくまとめていた。野球のほうはもちろんのこと、セールスマンをやっても力を発揮しているそうだ。やり手だと思う。

乙坂智（DeNA）も意外と良かった。彼は気性が荒くて、気に入らないことがあるとオレにガンを飛ばしてくるくらい気が強かった。

逆に、高浜兄弟（兄・卓也＝ロッテ）（弟・祐仁＝日本ハム）はおとなしかった。弟はオレの文句が多いのに耐えられなくて、途中から松崎健造（立大）にキャプテンをチェンジした。

夏予選、エースの「投球回数配分」とは?

ピッチャーは、エース1人ではダメ。

いいや、1人でいいのだが、相手の力が落ちるときに、エースを温存するため代わりに放れるピッチャーが、せめてもう1人ほしい。

神奈川のように参加校が多い県は、甲子園に行くまでに7～8試合は勝たなければいけないから、やはりピッチャーの数が必要。

参加校が30校ぐらいから60校ぐらいの県なら5～6試合だからエース1人でも行ける。準々決勝、準決勝、決勝と3連戦になることもあるが、甲子園に行くためなら投げるしかない。ただ、今は「投げすぎ」に厳しい時代だ。

高校野球のメインイベント、夏の甲子園出場。その地方予選を勝ち抜くときに最も大事なのがピッチャーの「投球回数配分」だ。

よく「1試合1試合を全力で戦う」と言うが、予選を全試合勝ち抜かなければ目標の甲子園に出場できない。予選の初戦で負けようが、決勝まで進もうが、負けてしまえば結果的には何ら変わらない。だから、「先を見ないで戦う」のではなく、「先を見て戦う」。全部勝つための戦略を立てるのだ。

そのためにはピッチャーをどう使ったらいいいか。

●甲子園まで残り2試合で、エースは計18イニング以内

準決勝・決勝の相手が強ければ9イニング×2試合で、プラス18イニング、合計36イニングになるのは仕方ない。

神奈川県の場合、最後にエースに投げさせて甲子園を決めるためにも、2回戦スタートで準々決勝までの5試合でエースは18イニング以下にしたいところだ。

それなら、その5試合をどうすればいいか。1試合2イニングずつなら10イニング、3イニングずつなら15イニング。このくらいに抑えられれば一番楽なのだ。

どこでエースを使うか。オレは「エースは先発」と思っていて、後ろ（リリーフ）には持ってこない。

夏は特にプレッシャーがかかるので、最初に力のないピッチャーを出して2点3点と取られたら、バッター陣もあせって取り返しがつかなくなる。だから夏はエースが試合を作り、「先行逃げ切り」型がベスト。後手に回らないことだ。

だからといってエースを3イニングで降ろすわけにもいかない。相手チームに力があればなおさらだ。4イニングのときも5イニングのときもある。臨機応変に予定を変更していく。いずれにしても、味方にある程度点が入らない場合には、エースの交代はできない。

また、エースに夏場の暑さに慣れさせるためにも、2試合は5イニングを投げさせ、準

決勝、決勝に行くまでのスタミナ作りをさせる。残り8イニングは、2試合で3イニングずつ投げて計16イニング。

あとは他のピッチャーが投げ、2試合くらいはコールドゲームを作って、ピッチャーをできるだけ使わない。これが一番理想だ。

こんなふうに理想的な形で準決勝まで進めれば優勝も見えてくるが、そううまく事は運ばない。強打の高校もあるから、7イニング、9イニングと投げることになることになる。涌井のときも大変だった。4回戦で日大藤沢高と当たり、涌井が9回を全部投げてしまった。次の5回戦は桐光学園高。これもコールドにできずに、涌井が完投した。準々決勝が桐蔭学園高、準決勝が横浜商大高、決勝戦が神奈川工高と続いたが、他のピッチャーを少しずつ挟みながらも、ほとんど涌井。涌井は準々決勝を終えたところで29イニングを超えていた。最終的には47イニングくらい投げたので、甲子園に行った頃はもうバテバテだった。

甲子園で何とか3つ勝ったものの、準々決勝で駒大苫小牧高（南・北海道）と当たり、18安打されて敗れた。7回で14安打。やはり、予選で2試合くらいはコールド勝ちにして余裕を持って甲子園に行かないと、甲子園で勝ち抜くのは厳しい。

成瀬の代は、1つ下に涌井がいて先発ローテーション的には問題がなかった。

だが、県大会5回戦で桐蔭学園高と対戦。同校には、後に法大から日立製作所やJX—

ENEOSで活躍した平野貴志というピッチャーがいた。満員の保土ヶ谷球場で延長12回4対2で何とか勝ったものの、この試合の影響で成瀬がパンクした。成瀬は投げるスタミナはなかったから仕方ない。

決勝で給前信吾というピッチャーがいた横浜商大高と当たったが、成瀬は肩が痛くて2回でダウン、敗れてしまった。

松坂の代は、80回記念大会で神奈川県から2校甲子園に出られた年だった。シード校だから5度勝てば甲子園。激戦区の神奈川で5度勝てば甲子園というのはありがたかった。決勝で桐光学園高を14対3で破って余裕を持って甲子園に行けた。そういう運もあって夏の甲子園も優勝できた。

甲子園に出るだけではなく甲子園で戦うためには、予選でいかにエースの投球回数を少なくするか。いくら少ないといっても最低5試合はやるが、やはり学校数が少ない県は、甲子園で勝ち進むには有利ではある。

ピッチャーの「代えどき」

●交代の1つのメド

手塩にかけてピッチャーを育てても、我々指導者が投手交代のタイミングを誤ってしまったら、勝ちを逃がしてしまうこともある。ピッチャー1人1人をよく見て、好調時と不調時のフォームの違い、スタミナ、性格など、すべてしっかり把握しておかないと、痛い目にあう。

もちろん、ブルペンで良くてもマウンドに上がらないとわからない。ブルペンで悪くてもマウンドでは良いというピッチャーもたまにいるが、ブルペンで悪いときはたいていマウンドでも悪いものだ。

「A」というエースと「B」という控え投手がいて、力の差があると、監督はなかなか「A」から「B」に代えられないものだ。

しかし、勝ち進むにはピッチャーの代えどきを誤らず、さらに2番手投手が気持ちよくマウンドに上がれるようにしてやること。また、日頃から「次に投げるピッチャー」のレベルアップを図っておくことも必要になる。

先発ピッチャーを交代するメドは、それまで相手打者に当てられていなかった球を当てられたり、芯でとらえられるようになって来たり、詰まっていた打球がポテンヒットになり始めたら「危ない」という警告信号だ。

もともと、野球というのはピッチャーが絶対有利。ピッチャーが投げないと始まらないし、バッターが受け身だ。普通に投げていれば打たれない。しかし、少し甘いとやはり打たれる。打たれるということはバッターが良いのではなくて、ピッチャーが良くないのだ。タイミングが合って来たら代えどきだ。

経験が浅く、自信を持てていないピッチャー、不安を持っているピッチャーを2番手投手として送り出すときは、イニングの頭から代えるのではなく、ツーアウト走者なしやワンアウト走者なしなど、楽な場面で出してやるというのも1つの手だ。そうすればピンチではないわけで、気楽に放っていけるから。

もちろん、ピンチの場面でピッチャーを代えることもあるが、2番手ピッチャーというのは非常にプレッシャーがかかる。いずれどこかで代えるのなら、プレッシャーのない場面で代えてやった方がいい。

●継投失敗で逆転負けを喫した試合

投手交代が成功したケースはたくさんあるが、逆に、失敗例も結構あった。

2011年の夏の甲子園3回戦で智弁学園高（奈良）と対戦したとき、柳裕也（明大）が先発して8回まで3安打1失点という完投ペースだった。それが、3点リードの9回表にヒットを打たれた。

渡辺監督は左ピッチャーの相馬和磨（国際武道大）にスイッチ。相馬はツーアウトまでこぎつけたが、ヒットとフォアボールを許して満塁。

ここで3番手のアンダースロー投手に代えた。以前、いいピッチングをしたことがあって、そのイメージがあったのだろうが、あの場面では智弁学園の打線を抑えるのは難しい。

「2番きかないよ。危ないよ」

ベンチに入っていなかった私はネット裏で思わずつぶやいた。この言葉はパチンコからとったもの。1度出た台だからといって2度目は出るとは限らないないということ。

プロ野球でも、前の試合で好投したからといって、次の試合でまた好投する保証はない。案の定、3番手、さらに4番手投手も打たれて一挙に大量失点を喫して敗戦。投手交代は簡単ではないと教訓を得た試合だった。

センバツ甲子園に出る方法

春と夏の甲子園、どちらが出やすいか。

言うまでもなく春だ。夏の甲子園は予選で1度負けたら終わりだが、春の甲子園は、前年秋の予選で負けても選ばれれば出場できる。だから「選抜甲子園」なのだ。

●2度、3度負けても甲子園に行ける

神奈川県の場合、県大会決勝に進出すれば関東大会に出場でき（開催県の場合は3校）、関東大会でベスト4入りすればほぼ甲子園に行ける。すなわち神奈川県大会決勝と、関東大会の準決勝や決勝で負けても甲子園に行ける。

静岡県などは予選に敗者復活戦があるから、東海4県大会決勝まで3度負けても甲子園に行けることもある。

つまり、「甲子園に出る」こと自体を最大の目標にするならば、新チームになった「秋の大会に照準を合わせる」のも1つの手だ。

●左のカーブピッチャーの育成

では、秋の大会をいかにして勝つか。

それはズバリ、「左のカーブピッチャー」を育てて秋を勝ち抜く。

なぜなら今の時代は左バッターが多く、特にカーブは打ちにくい。左ピッチャーだと盗塁もなかなかしにくいから、秋を勝ち抜くには有利なのだ。

●高校野球の胆は「寒い冬をどう過ごすか」

春のセンバツ甲子園に出場した高校と、出場できなかった高校との、夏の甲子園出場を

かけた覇権争いも興味深いが、春のセンバツ甲子園に出場した高校の方が出やすい。

というのも、高校野球では「寒い冬をどう過ごすか」が大事だからだ。

3月20日過ぎに甲子園が始まると思えば、出場するチームの指導者や選手たちは、その冬に充実した時間を過ごせることが多い。

目の前に甲子園大会があれば、モチベーションも上がるというものだ。

「寒いけど、もうちょっとやろう」

「ちゃんと500本振ろう」

一方、センバツ甲子園に出られないチームは、春の県大会はあるにせよ、夏の甲子園予選まで間があるため、どうしても監督も選手も気持ちが落ちる。

「寒いから、今日はもういいや」

「500本振ろうと思ったけど、300本でいいか」

そんなことも無きにしもあらず。練習量が違ってきてしまう。

昔は、春のセンバツ甲子園に出ると周囲からチヤホヤされて天狗になり、春から夏にかけての伸びがなく、夏の甲子園を逃すチームも多かったように思う。

しかし、最近はセンバツ甲子園に出たことだけで力がつき、夏の甲子園に出る確率も高くなっていると感じる。

晴耕雨読、ルールの勉強

●振り逃げ

せっかく一生懸命練習してきたのに、ルールを知らずに負けたら、泣くに泣けない。インフィールドフライ、「同一塁上に2人の走者」、ボーク、アピールプレー、故意落球、オブストラクション（走塁妨害）など、最低限のルールを教えている。

間違えやすいのがアピールプレー。

例えばタッチアップのあと、滑り込んだホームベースを審判がハケで履いているときに、「離塁が早い」とアピールしたところで受けつけてくれない。ボールインプレーでなく、ボールデッドの状況だから。「プレー！」がかかったあとに再度アピールすればいい。

相手チームの打順が間違っていると気づいたときも、打席の途中でアピールをしても、そのカウントから正規の打順のバッターに受け継がれるだけでアウトにならないが、打ち終わってからアピールすればアウトになる。

やはり、ルールは知っておいたほうが圧倒的に有利になるから、指導者も選手も勉強しておくといい。

逆に知らなくてやられてしまったこともあった。

2007年夏の神奈川県大会準決勝、菅野智之（巨人）がいた東海大相模高戦。4回にツーアウト一・三塁で、菅野がワンバウンドの球を空振り三振。横浜高キャッチャーの小田太平はバッターの菅野にタッチもせず、一塁にも送球せず、ピッチャーにボールを返してベンチに戻って来てしまった。

菅野はピッチャーということもあってマウンドに向かうべく、グラブを持って来てもらうのを待っていた。

それに気づいた東海大相模高の門馬敬治監督が叫んだ。

「振り逃げだ！　走れ走れ！」

横浜高の選手たちが引き上げる中、三塁ランナー、一塁ランナーに続いて、バッターだった菅野までが無人のダイヤモンドを一周してホームインしたのだ。

一挙3点。「振り逃げ3ラン」とも言われ、結局、その3点が響いて2点差で負けてしまった。

三振は、第3ストライク目を捕手が落とした場合や、ワンバウンドを空振りした場合、打者へのタッチや一塁への送球が必要となる。

また、「振り逃げ」は、ノーアウトやワンアウトの場合は一塁にランナーがいるときは許されないが、ツーアウトの場合は許される。

3年生ならそんなルールは当然わかっていたはずだが、キャッチャーの小田はまだ1年生。あれは仕方ない。そこまで教え込めていなかったこちらの責任。

その件で、後日談がある。実は、キャッチャーからピッチャーに返した球、二塁審判がマウンドの後ろに来て触っていたそうだ。ということは、その時点でボールデッド。となると三振で終わり。いずれにせよ残念な試合だった。

●インフィールドフライ

「ノーアウト、またはワンアウトで、ランナー一・二塁、または満塁」の場合が、インフィールドフライの条件となる。インフィールドフライが宣告された場合、バッターはアウトだが、ランナーはアウトを賭して進塁してもいい（飛球が捕られた場合は、タッチアップが必要）。

ルールを理解しておけば、逆にルールの盲点を突くようなプレーもできる。

ランナー一・二塁。二塁ベースの後方で、内外野の境目あたりのフライ。「インフィールドフライが宣告されないとき」は、セカンド（またはショート）が飛球を捕らなければ、3つは難しくても、AかBの方法でうまくいけばダブルプレーを取れる。

【A】二塁ランナーがベースを踏んでいる場合

① タッチ（二塁ランナーアウト）
② 二塁ベースを踏む（一塁ランナー封殺）

【B】二塁ランナーがベースを離れている場合

① 二塁ベースを踏む（一塁ランナー封殺）
② 三塁に送球（二・三本間で挟み、二塁ランナーをタッチアウトにする）

第3章

戦略2 横浜高「常勝」の秘密

プロ入りした教え子は実に50人

これまで、東海大一高で4年間のコーチ、横浜高で1年間の監督、Y校で12年間のコーチ、再び横浜高に戻って部長・コーチ。

教え子でプロ野球選手になったのは、東海大一高で2人、Y校で6人、横浜高で42人、全部で50人。（渡辺監督は60人くらいだろうか。思えば2人で多くの教え子をプロに送り出したものだ。）

そのうち、ドラフト1位が10人。高校時代に甲子園に出られなくとも、プロでリーグ優勝、日本一になった選手もいれば、WBCで世界一になった選手もいる。

プロに送り出すことだけが指導者の役目ではないといえ、選手たちがプロが目標だと言うならば、それを叶えてやるのが指導者の役目だと思っている。

彼らがプロで活躍する姿を見るのはやはり嬉しい。だが、教えたことができていないと「高校時代、あれだけ言ったのに、何をやってるんだ」と思うし、電話で文句を言いたくなることもある。それも自分の指導に自信を持っているからだ。

◆東海大一高、コーチ時代

（注・年度はドラフトで指名された年。大学や社会人経由の場合もある）
1977年…後藤雄一（投手・ヤクルト3位＝相洋高に転校）
1981年…井辺康二（投手・ロッテ1位）

◆Y校、コーチ時代

1980年…宮城弘明（投手・ヤクルト3位）、西尾善政（外野手・巨人ドラフト外）
1983年…三浦将明（投手・中日3位）
1985年…荒井幸雄（外野手・ヤクルト2位）
1993年…河原隆一（投手・横浜1位）
1995年…武藤孝司（遊撃手・近鉄3位）

◆横浜高、監督・部長・コーチ時代

1977年…佐野元国（捕手・近鉄3位）
1978年…吉田博之（捕手・南海4位）、西山茂（外野手・大洋ドラフト外）
1979年…曽利田勝二（内野手・日本ハムドラフト外）
1980年…中田良弘（投手・阪神1位）、愛甲猛（投手・ロッテ1位）、安西健二（二塁手・巨人ドラフト外）

1994年…紀田彰一（三塁手・横浜1位）、多村仁（外野手・横浜4位）、
斉藤宜之（外野手・巨人4位）

1995年…横山道哉（投手・横浜3位）、
1996年…幕田賢治（外野手・中日3位）、中野栄一（捕手・中日4位）
1997年…高橋光信（内野手・中日6位）、白坂勝史（投手・中日7位）
1998年…松坂大輔（投手・西武1位）、矢野英司（投手・横浜2位）、
小池正晃（外野手・横浜6位）、丹波幹雄（投手・ヤクルト8位）、
部坂俊之（投手・阪神4位）

2000年…阿部真宏（遊撃手・近鉄4位）
2002年…後藤武敏（三塁手・西武1巡）
2003年…成瀬善久（投手・ロッテ6巡）
2004年…涌井秀章（投手・西武1巡）、石川雄洋（内野手・横浜6巡）、
小山良男（捕手・中日8巡）
2005年…松井光介（投手・ヤクルト3巡）
2006年…福田永将（捕手・中日3巡）、円谷英俊（内野手・巨人4巡）、

佐藤賢治（外野手・ロッテ2巡）

2007年…高浜卓也（内野手・阪神1巡）

2008年…土屋健二（投手・日本ハム4位）

2009年…筒香嘉智（内野手・横浜1位）

2010年…荒波　翔（外野手・横浜3位）、西嶋一記（投手・ドジャースマイナー契約）

2011年…近藤健介（捕手・日本ハム4位）、乙坂智（外野手・横浜5位）

2012年…下水流昂（外野手・広島4位）、田原啓吾（投手・巨人育成1位）

2014年…倉本寿彦（遊撃手・DeNA3位）、浅間大基（外野手・日本ハム3位）、
高浜祐仁（遊撃手・日本ハム7位）

【教え子のプロ入り選手の内訳】（注／「高校→大学」は、横浜高から大学を経由してプロ入りしたということ）

	高校	高校→大学	高校→社会人	高校→大学→社会人	合計
投手	10人	5人	2人	2人	19人
捕手	4人	1人	0人	1人	6人
内野手	6人	5人	0人	1人	12人
外野手	9人	0人	2人	2人	13人
合計	29人	11人	4人	6人	50人

私の「教え子ベストナイン」

教え子自体、全部でいったい何人いるのだろう。そんな教え子の中でのベストナインを挙げてみる。プロに行ってから伸びた選手もいるが、あくまで高校時代での力で見た。

◆投　手…松坂大輔（ソフトバンク）、愛甲猛（元ロッテほか）、成瀬善久（ヤクルト）
◆捕　手…吉田博之（元南海ほか）、近藤健介（日本ハム）
◆一塁手…筒香嘉智（DeNA）
◆二塁手…安西健二（元巨人）
◆三塁手…後藤武敏（DeNAほか）、紀田彰一（元横浜ほか）
◆遊撃手…阿部真宏（元近鉄ほか）、高浜卓也（ロッテ）
◆外　野…斉藤宜之（元巨人ほか）、多村仁（DeNA）、小池正晃（元横浜ほか）、下水流昂（広島）、佐藤賢治（日本ハムほか）

ピッチャーは松坂大輔と愛甲猛で文句なしだ。

松坂は甲子園春夏連覇の立役者で、プロ入り後も言わずと知れた活躍。高卒入団以来3

年連続最多勝、ＷＢＣで2大会連続ＭＶＰを獲るのだから、やはり「持っている」。

愛甲はオレがＹ校に行った後に、横浜高で甲子園で優勝した。ヤンチャぶりも相当だったが、力もズバ抜けていた。

成瀬善久も入る。高校に入ってきたときからレベルが高く、以来こちらを困らせることもなく順調に伸びて行った選手。プロ入り後も淡々とながら活躍している。

キャッチャーは吉田博之。もともとショートだったのを、愛甲猛の球を受けさせるためにキャッチャーにコンバートした選手。これがハマって渡辺監督が初めて夏の甲子園に行った。

キャッチャーでは、知名度こそ乏しいが、中田良弘とバッテリーを組んだ佐藤正則（関東学院大→ヤマハ）が良かった。社会人ベストナインにも選ばれた。

ファーストは筒香嘉智。現日本球界で一番のスラッガーだと思っているほどピカイチの素材だ。

セカンドは愛甲とともに甲子園優勝したときの1番バッター・安西健二で決定。安西は走攻守いずれも素晴らしくて甲子園でも映えた。安西に勝るセカンドはいない。

サードは後藤武敏か紀田彰一。どちらか1人を選ぶなら、甲子園春夏連覇に貢献した後藤になる。

ショート。今でこそ石川雄洋が華々しいが、高校時代に限れば阿部真宏。高浜卓也をサードかショートに入れても面白い。

外野手は、高校時代は多村仁も荒波翔もケガに泣いた。多村はプロで打率3割40本100打点をマーク。全国制覇に貢献したということで、小池正晃、下水流昂、佐藤賢治を入れる。

こんなメンバーで戦ったら采配を振るう方もワクワクして楽しい。逆に絶対負けられないからプレッシャーがかかるのは確かだが……。

ただ、ベストナインでなかろうと、プロに行かなくても、みんなオレの可愛い教え子だ。

甲子園での「対戦相手ベストナイン」

「横浜高ベストナイン」と戦わせてみたい「甲子園で見たベストナイン」も、思い出せる範囲で挙げてみた。

◆投　手…江川　卓（栃木・作新学院高）、山田武史（福岡・久留米商高）、
　工藤公康（愛知・名古屋電気高）、水野雄仁（徳島・池田高）、
　桑田真澄（大阪・PL学園高）

◆捕　手…谷繁元信（島根・江の川高＝現・石見智翠館高）、
　　　　　袴田英利（自動車工高＝現・静岡北高）
◆一塁手…清原和博（大阪・PL学園高）
◆二塁手…なし
◆三塁手…藤王康晴（愛知・享栄高）、松井秀喜（石川・星稜高）
◆遊撃手…浅村栄斗（大阪桐蔭高）、立浪和義（大阪・PL学園高）
◆外野手…中田　翔（大阪桐蔭高）

ピッチャーはダントツで江川卓だ。対戦はしなくとも、試合前の外野でのキャッチボールで目が釘づけになった。ライトからレフトに遠投をしていたのだが、レフトスタンドに入れてしまうほどの勢いでグーンと伸びる球。仰天した。

Y校コーチ時代、エース・三浦将明のとき、甲子園で春夏準優勝を果たした。逆に、優勝できなかったのはなぜか。

それは相手が強すぎた。

春のセンバツは池田高が相手。144〜145キロのストレートをズバーンと投げ込んでくる水野雄仁がエースで、スコアは0対3。手も足も出なかった。あれは練習してもなかなか打てないだろう。

初回、Y高の誇る「切り込み隊長」の西村隆史が3球三振を食らったのを目の当たりにしたナインが、一気に意気消沈した反応を今も鮮明に覚えている。

「西村があれじゃ、オレたちじゃ勝負にならないよ……」

夏の決勝は桑田・清原が高1のPL学園高。水野を擁する春の優勝校・池田高を、桑田のホームランを含む3本塁打7対0でくだし、勢いをつけて勝ち上がって来た。

オレは桑田真澄（元巨人）を事前に偵察した。

「桑田はカーブをよく2球続ける。3球連続もたまにある。だが、4球連続はない！」

だが、実際は4球連続でカーブが来た。ネット裏で見ていたオレも「やられた」と絶句。カーブを見逃し三振した高井直継という選手に文句を言われた。

「小倉さん、4球連続はないって言ったじゃないですか……」

桑田は高校生になってまだ5カ月しかたっていない1年生なのに、こちらのデータを覆すくらいピッチングが上手かった。

桑田は、試合開始直後の1回、Y高のランナーが二塁にいるとき、二塁を見ないで投げていたので三盗させた。しかし、次にランナーが二塁に進むとしっかり見るようになった。この修正能力もまた、1年生とは思えぬセンスだった。夏の決勝も0対3で敗戦。

そのほかには工藤公康（元西武ほか）、山田武史（元巨人）も素晴らしかった。

山田は春夏連続で甲子園に出てきて、大会屈指の好投手と誉れ高く、夏にはベスト4入りしたピッチャー。キレがよくて、高校生にはほとんど打てなかった。本田技研熊本を経て巨人にドラフト外で入ったのだが、逆にまとまっていてプロでは打たれたのかもしれない。活躍できずに終わってしまった。

関東では渡辺久信（群馬・前橋工高→元西武ほか）が突出していた。中学時代から140キロ近く投げて騒がれたが、高1夏に甲子園に出たきり、あとは運に恵まれなかった。高3夏も県大会の決勝でサヨナラ押し出しだ。

それよりだいぶ前だが、鈴木孝政（千葉・成東高→元中日）も良かった。当時は「1県1校制」ではなかったから、彼は甲子園の土を踏めなかった。

ノーヒットノーランをマークした杉内俊哉（鹿児島実高→巨人ほか）は、横浜高が攻略した。斎藤佑樹（東京・早実高→日本ハム）は高校時代が一番良かった。横浜高と対戦したのは春のセンバツで、岡山関西高との延長15回再試合を投げたあとだった。省エネ投法で、好打者以外は力を抜いて投げていた。そのへんも賢かった。

斎藤は三塁けん制が巧みだった。プロではだいぶ苦闘しているが、踏ん張ってほしいものだ。

キャッチャーでは谷繁元信（中日）が印象深い。彼はオレがY校にいるとき、「古沢直樹と対戦したい」と言って、たった1試合のために島根からはるばる神奈川に遠征して来た。強肩、好リード、豪打。

高3夏には島根県予選で5試合連続の7ホームランを打ったと聞く。プロに入ってこの年（44歳）まで現役でやっているのだから、やはりたいしたものだと改めて感じる。

ほかには秋元宏作（東京・国学院久我山高→元西武ほか）も良かったし、オレが東海大一高のコーチ時代に見た袴田英利（元ロッテ）も肩もキャッチングもバッティングも秀でていた。

甲子園で見た中の打者トップ3といえば、藤王康晴（元中日ほか）、清原和博（元西武ほか）、松井秀喜（元巨人ほか）。

藤王も松井も直接対決はなく、ネット裏で見ただけだが、スイングと打球の速さはピカイチ。ピンポン玉のように飛んで行く打球にはびっくりさせられた。

藤王はバッティングがズバ抜けていて、大きいわりに身のこなしも機敏だし、正直めちゃくちゃ凄いと感じた。プロで通算2000本安打する逸材だと思ったが、パッとせずに辞めてしまった。2015年発足の愛知の社会人硬式野球部の指導者に就任した。あの藤王がどういう野球をするのか興味深い。

松井の打球の速さと強さには、内野手が恐怖を感じていたようだ。対戦したら5敬遠したかどうかはわからないが、それほどのスラッガーということは間違いない。

清原はY校のときに対戦。1年生ながら4番を打っていて右中間にホームランを叩き込まれた。才能豊かな選手だと驚いた。

ショートは浅村栄斗（西武）。それまで存在を知らなかったが、甲子園で見た浅村は光っていた。立浪和義（元中日）は、プレーに派手さを感じなかった分、堅実だった。周りに的確な指示を出していて、「まるで監督みたいだ」という記憶がある。

イチロー（愛知工大名電高→オリックスほか）は甲子園で見ていない。いや、もしかしたら見ていたのかもしれないが、印象にないのは目立っていなかったということだ。当時なら上田佳範（長野・松商学園高→元日本ハムほか）のほうが上だった。

そんな中で、イチローに目をつけたオリックス・三輪田勝利スカウトは慧眼だ。ジュニアオールスターでの活躍を見たときに「なんでこの選手を1軍で使わないんだろう」と思ったくらい。当時のイチローの「振り子打法」は首脳陣の理屈に合わなかったのかもしれないが、良いものは、やはり良いのだ。

中田翔（日本ハム）も、横浜高に福田永将（中日）、下水流昂（広島）がいるときに、甲子園の1回戦で対戦したが、2年生ながら凄かった。予選で5ホームランというのもうなずけた。何しろショートフライが70メートルくらい上がったのではないか。高校生の打つフライではない。

そんな中、また1人資質あふれる選手が現れた。大谷翔平（岩手・花巻東高→日本ハム）。プロで開幕投手もクリーンアップも任せられるのだから、本当に何十年に1人の選手だ。

高校時代は「プロでは野手で」という声も多かったが、日本ハムはうまく両方でやらせている。もうこうなったらピッチャーで行かせるしかないだろう。ピッチャーに専念させたら少なくとも15は勝つ。ただ、球速を求めてはダメだ。165キロは出るだろうが、それに伴い腕を振らなくてはいけないから壊れてしまう。少しセーブして投げても十分だ。

バッティングは肘のたたみ方が上手い。右バッターの清原が右中間にホームランを打てるのと一緒で、左バッターの大谷は左中間にホームランが打てるのだからこれまた凄い。あんな選手はなかなかいない。見ていてワクワクさせられる。

最後に、2014年プロ1年目から代打ホームランを連発した森友哉捕手（大阪桐蔭高↓西武）。中学時代に大田スタジアムで見た。後ろ髪を少し伸ばしてヤンチャそうだったが、ホームランを放り込んでいたバッティングが記憶に残っている。

中学の堺ビッグボーイズで筒香の後輩だから、横浜高で獲りに行くことも考えたが、藤浪晋太郎（大阪桐蔭高↓阪神）とバッテリーを組んで甲子園春夏連覇も遂げた。結果的に良かったのではないか。

横浜高の史上「最強チーム」

横浜高は、これまで甲子園で春夏合わせて5度優勝したこともあって、高校球界を代表する1校として名前を挙げてもらっているが、横浜高史上最強のチームは、何年か？

◆最強　98年＝松坂、小山、小池、後藤（春優勝、夏優勝）
◆2位　06年＝福田、高浜兄、下水流、佐藤賢治（春優勝）
◆3位　03年＝成瀬、荒波、涌井（春準優勝）
◆4位　94年＝矢野、紀田、多村、斉藤宜
◆5位　96年＝松井光、幕田、阿部

最強の98年の代は松坂がいて甲子園春夏連覇を果たした。素質NO・1で言えば94年の代。ただ甲子園では、春夏ともに2回戦敗退。春は智弁和歌山高が紫紺の大旗、夏は佐賀商高が深紅の大旗を掌中に収めた。

打力に限って言えば、06年の代。下級生中心のメンバーで4人がプロ入りしているし、センバツ優勝を果たしている。

延長17回PL学園との死闘の勝因

横浜高がなぜ強いのか。単純に好素材の選手を「スカウティング」してきて「育成」しているだけではない。横浜高がめざすのは「戦略」をプラスしての「チーム力」。だから毎年強い。さらに強豪と言われる高校を倒すところをみんなが見て、「常勝」と評価してくれているのだ。

それを強烈に印象づけたのは、やはり松坂時代の甲子園春夏連覇。特に、準々決勝でPL学園高との延長17回の死闘。翌日、準決勝での明徳義塾高（高知）に大逆転サヨナラ勝ち。そして決勝戦、京都成章高戦のノーヒットノーラン勝利。

明徳義塾高は、エース・寺本四郎（元ロッテ）は確かに良かったが、強打者は少なかった。やはりPL学園高戦が事実上の決勝戦だろうと偵察をしっかりやった。オレも全身全霊を注いで挑んだ。

PL学園高は、野手は充実し、ピッチャーは右投げの上重聡と左投げの稲田学の2人。キャッチャーの石橋勇一郎の配球の傾向を見ていると、右の上重でも、左の稲田でも同じだった。

アウトコースを見せつけておいてインコース、またはその逆。どうヤマを張るかで、4

〜5点は取れると思った。

ただ、ピッチャーが左右2枚だけに、横浜高は2プラトンで臨んだ。右投げの上重聡が先発だったら左打ちの常盤良太や柴武志を、左投げの稲田学が先発だったら右打ちの斎藤清憲や堀雄太（両打ち）を起用する作戦。これなら余計な代打を出す無駄を省ける。

そこで使ったのが「偵察メンバー」だ。プロで言うところの「当て馬」。たまたま故障をしていた山野井成仁という選手を当て馬としてスタメンに入れた。甲子園でこの戦法を使ったのはオレが初めてだ。これもベンチ入りが14人から16人になっていたからできたこと。

スタメンが発表されたら、ＰＬ学園高の先発は稲田。横浜高は、山野井に代えて、斎藤を入れた。

7回からＰＬ学園高はピッチャーを稲田から上重に代えたが、稲田をどこかのポジションに残さなかった。稲田の再登板の可能性を残されるのはイヤだったので、そういう策を取ってこなかったから助かった。

そんな駆け引きが、試合の中でちょっとした差になり、こちらに優位に働き、最終的には常盤が決勝ホームランを打って勝った。

ちなみに、常盤は1打席目はダメだが、3打席目に必ずいい当たりをする選手。この試合でも1・2打席目はダメだったが、3打席目に一・二塁間にヒットを打ったので、4打席目はひょっとしたらと思っていたら決勝ホームラン。読み通りだった。

準決勝の明徳義塾高戦は、松坂が投げれば点は取られないだろうと思っていたが、松坂が前日のPL学園高戦で延長17回を投げているから休養。さすがに2年生ピッチャーでは打たれた。

8回表で0対6まで離されて、かなりマズイと思ったが、ここでもまた2プラトンの左打者がうまく機能してくれた。

明徳は142、3キロを出す左の好投手・寺本から右サイドスロー・高橋一正（元ヤクルト）にスイッチ。その高橋から代打の左打ち・柴のタイムリーで2点差まで迫った。最後はまた左投げの寺本に継投したが、左打ちの柴が今度はサヨナラヒットを打ってくれた。

一流に育て上げるための「10カ条」

自慢に聞こえたら御容赦願いたいが、オレは高校野球を41年やってきて、甲子園には春夏合わせて31度出場。甲子園では3校で計62勝している（東海大一高4年2度1勝、Y高12年8度23勝、横浜高25年21度38勝）。

甲子園の通算勝ち星1位が高嶋仁監督（智弁和歌山高）の63勝なら、非公式ながらそれに迫る。しかし、オレは陰の人間だし、そういう数字はどうでもいい。

なぜこんなに勝てるのか。

それは「勝つためにできること」を他の高校よりも多く、念入りに、しつこく、やっているからにほかならない。

何か物事を達成したり成功したいと思ったら、そうなる要素をすべて列挙して、徹底的につぶしていく。それが成功への道だ。オレはふだんは大ざっぱな人間だが、こと野球になると細かい。

具体的に言う。

◆好素材の選手を集めること。
◆効率のいい、無駄のない練習をすること。
◆試合で起こりうるすべてのことを洗い出し、全部できるように繰り返し練習すること。
◆体力の限界の究極まで追い込むきつい練習の中で、選手のメンタル面も鍛えること。
◆対戦相手をじっくり見て徹底的に分析すること。
◆その分析を生かすための、試合のための練習をすること。
◆その生かし方。野球はどこを見るのか、何を考え野球をすればいいか教えていくこと。

◆大学でやれるレベルなら、そこまで知ってるのかと思われるほど野球を覚えていくこと。
◆プロに行ける素材の選手には、プロで活躍するのに必要なことまで教え込むこと。
◆自立した1人の男になれるよう練習で厳しくしごき上げること。

高校時代は「親だ、家族だ、親戚だ」と、周りの人に応援されて過ごせるが、社会に出たら自分の足で歩いて行かなくてはならない。

選手たちは、オレから技術面を、さらに渡辺監督からも練習態度・学校生活・寮生活・私生活のことをあれこれ言われて、「うるさい」と思っていただろう。

だが、卒業生たちの多くは手土産を持って笑顔で帰って来る。

「あの3年間があったからこそ、今も頑張れています！」

オレから見たら、「あのときだって頑張ってないじゃないか」と思うこともあるが、卒業生たちが曲がりなりにもそう言えるということは立派だ。

渡辺監督とオレでやってきたことは間違いではなかったと思える。

日本のエースの作り方――松坂大輔編「スタミナ」

松坂（00年・04年五輪、06年・09年WBC出場）は中学までは球は速いが、ピッチャーとして未熟だった。ただ、身体能力の高さに加えて、遊ゴロや二塁ゴロでも飛びついて捕りに行こうという積極的な姿勢が見えたから「これは大きく育つんじゃないか」と半信半疑ながらも期待感があった。

母親が小柄だから身長が172、3センチで止まってしまったらショートを守らせようと考えていた。ただ、祖父が長身で、隔世遺伝で松坂の背は伸び、ますます楽しみになった。

あの学年では、長田秀一郎（慶大→DeNAほか）も追いかけていたが、鎌倉学園高に進学した。正直あの代はほかにピッチャーがいない状況だったから、こちらも必死で松坂を練習させた。

同じ江戸川南シニア出身の松井光介（元ヤクルト）に教育係をさせた。松井はかなり走る力があったので、松坂もついて走っているうちにスタミナがついた。

ふだんの練習でもアメリカンノックをかなりやったが、一番凄かったのは、夏の群馬合宿。4本に1本捕れるか捕れないかというところに打つノックを50本捕り切りでやった。松坂は延々4時間、60～70メートルを走り続けた。20本に1度くらい水を飲ませながらやったが、あのスタミナは驚異的。「松坂は化け物だ」と感じた。

高1秋から投げ始め、高2春にようやく試合に出て、前橋工高（群馬）戦で142、3

キロを出した。その時点で渡辺監督と「これはドラフト1位になるぞ」と確信を持った。それからも予定通りの成長。高3夏までをグラフにすれば、急激な右肩上がり。「フィールディング」「クイック投法」「けん制」は徹底的に仕込んでいった。超高校級投手はヒットをあまり打たれないため、その3つが鍛えられていない。プロに入ってから困らないように、プロに行けそうな投手には教え込むのだ。

日本のエースの作り方——成瀬善久編「フォーム改造」

成瀬(08年五輪出場)は関東の中学軟式野球界では有名なピッチャーで、横浜高を希望して入ってきた。入学当初からレベルが高かったが、そこからも緩やかな曲線ながら高いレベルに上がって行った。こちらの小言は聞かなかったが、育成のアドバイスがはまった。

「このまま行ってもスピードはそんなに速くならない。だから、左手を後ろに隠しちゃえ。星野伸之(元オリックスほか)を参考に、背中にボールを隠して投げろ」

たったそれだけ。世間でよく言われる「猫招き投法」だ。打者から球の出どころが見えなくなって打ちづらい。それで今もメシが食えているから良かったと思う。

高2秋の県大会では99イニング投げてフォアボールがわずか9個。3ボールから平気でストライクを3つ取れるコントロールはお見事だった。

余談だが、2008年の北京五輪のときキャッチャーを務めた矢野燿大（元阪神ほか）がベタ褒めだったそうだ。

「外角低め、ボール球のストレートを投げます。次も外角低め、ストライクになるスライダーを投げます。成瀬はそういうふうに言って、意図を持って投げて来る。意図を持って投げることによってさらにコントロールは良くなるから、勝てるわけだよ」

さて、神奈川大会、関東大会、明治神宮大会まで駒を進めた。翌春センバツ甲子園は準優勝だ。成瀬の快投あってこそだった。

ただ成瀬の場合、手はかからなかったが、故障が怖いというのがあって、走り込みは無理をさせなかった。松坂、涌井ら3人の中では一番鍛えなかったから、案の定、夏の神奈川大会ではスタミナがもたなかった。決勝では肩が上がらなくて、結局、夏の甲子園には行けなかった。

その直後、進路を決める時期、大学進学を薦める渡辺監督と、オレとで意見が分かれた。最終的には本人に決めさせようということになった。

「高卒でこのままプロに行ってもやれると思うが、オマエ自身はどう思うんだ？」

「大学に行ったら僕はたぶん肩が壊れます。できれば、このままプロに行きたいです」

ただ、成瀬はスピードが135キロほどだったこともあってプロから人気が集まらなかった。スカウトが挨拶に訪れるたびにオレは言ったものだ。

「まずコントロールが良いし、タイミングが取りづらいから打たれない。オレが言うんだから間違いない」

「先発かセットアッパーで最低6~8勝できるピッチャーだ。だまされたと思って獲ってみたら絶対儲けものだよ」

二の足を踏む球団が多い中、ロッテの飯塚佳寛スカウトが獲ってくれた。その分、契約金は値切られたらしい。

しかし、ロッテとしてもドラフト6巡目であの大活躍なら満足だろう。プロ4年目の07年に16勝1敗と大ブレイク。最高勝率と防御率1位のタイトル。成瀬としても大学でなくプロを選択して正解。

ロッテ11年間で5度の2ケタ勝利を含む通算90勝。FAで2015年にヤクルト移籍、推定年俸1億5000万円の選手に成長した。

日本のエースの作り方——涌井秀章編「スピード」

涌井（08年五輪、09年・13年WBC出場）にまず感じたのは、単純に走る力はあったが、足首から腿、股関節にかけて非常に弱かったこと。だから片足伸脚とか片足跳び、ウサギ跳び、カエル跳びなど、下半身重視のトレーニングが苦手だった。やりたくなくて、しょっちゅうゴネた。

一方、ボールを使って走る練習は好きだった。涌井をライトに置いて、オレがセカンドあたりからノックする。まず右中間に1本打って、次にセンターのバックスクリーンの前に打つ。この繰り返しだが、捕れるか捕れないかのところに打って、それを追いかける練習が面白かったのか、よくリクエストしてきた。

走るのが嫌いな選手に対しては、こうして目先を変え、結果走っているという練習がいいかもしれない。

ピッチングのほうは、中学3年のとき133キロ。高校入学時、親父さんに「最終的に148キロくらいになるよ」と予言していた。高1春からスローペースで伸びて行った。半年で3～4キロずつアップ。最終的に148キロ。予定通り。

高3春から夏にかけて、グングン体ができていって、急激に良くなった。「これならドライチでプロに行ける」と確信した。

だから松坂同様、プロに行ってから困らないように「フィールディング」「クイック投法」「けん制」を仕込んだのだ。涌井はプロ10年間で5度の2ケタ勝利（最多勝2）を含む通算93勝をマーク。

育った環境による性格がピッチングに現われる

松坂大輔、成瀬善久、涌井秀章。五輪やWBCの世界大会で、日本のエース格の重責を担った。

この3人のピッチャーの中で、一番ピッチャー向きなのが誰かおわかりか？　ヒントは「性格が几帳面で細かい」。

ピッチャーというのは「なんとかなるだろう」という大ざっぱなタイプは向いていない。ピンチの場面や3ボール2ストライクになったとき「フォアボールでも次のバッターを抑えればいいや」なんて開き直ったり、「力でねじ伏せてやれ！　えいやー」と投げてしまうと、だいたいが棒球になって打たれてしまう。

そんなときこそ「気持ちは大胆に、ピッチングは繊細に」。冷静に内外角のコースや4つのコーナーを狙って投げられるのがいいピッチャー。その観点からすると、3人の中で一番は成瀬なのだ。

松坂も中学時代はかなり「えいやー」投法があったが、高校に来てだいぶ教育的指導を施し、「大人のピッチング」ができるようになった。

涌井は、おっとり系。これは性格というより生まれ育った環境だろう。涌井家は経済的に裕福な部類に属する。余裕があるからおっとりしている。

その点、成瀬には文字通りハングリー精神がある。「美味いものを食ってみたい」欲望を叶えるための実行力がある。

成瀬に対してはこちらがデカイ声を出すようなこともなかったし、出さなくてもやる選手だった。逆に涌井はデカイ声を出さないとやらない。涌井は能力が高い選手だが、あまり怒らない渡辺監督が一番怒ったのは涌井に対してだ。ふだんは怒るオレが涌井をかばうくらいだった。

メンタル面も練習で鍛えられる

石川雄洋も筒香嘉智も当初はメンタル面が弱かった。メンタル面の強化はオレの罵声で追い込んでいく。石川は「辞めたい」と真剣に悩んだらしいが、練習の中で「頭で考え」、窮地を脱して一皮むけた。技術面でも飛躍的に進歩した。

高校時代に変われなかった選手は、プロに行っても結局は短命で終わってしまうことが多い。だからこそ、高校時代からメンタル面の強化をやっておかないとダメなのだ。

「大変だった選手」として印象に残っているのはH。もう20年以上昔の話になるが、なにせ説教が好きだった。2学年下の1年生レギュラーを標的にして、合宿所の奥の方でよく説教をやっていたらしい。オレも注意して見回りをしていた。メンタル面の強化の名の元に、こういう説教などが原因で後輩たちが野球を辞めてしまうのは実にもったいない。

筒香は、松井秀喜の後継者

「こんな凄い選手が存在するのか」

中学時代の筒香を初めて見たときは仰天した。

鳥カゴ（バッティングケージ）の中で打っているのを見たが、打球がネットに当たる衝撃音が他の選手と全然違う。ネットが切れてしまうのではないかと思うほどの威力。

「ボクは、右のほうが自信あるんです」

左打席だけでなく右打席でもこれまたいいバッティングをする。化け物だと思った。

筒香は高1のときから試合に出していたが、正直、なかなか成長しなかった。ケガで欠場が多かった。それでも、高3の5月、宮崎遠征で10打数1安打に終わって、オレにボロクソに言われてから何かが変わった。夏の大会までホームランを打ち続けたのだ。

高校通算100本塁打は行けただろうに、69本塁打は筒香の力をもってすれば物足りない数字だった。

ただ、横浜高のグラウンドが広すぎる。筒香はセンター方向への打球が多く、当時はまだライトに引っ張り切れなかった。低いライナーが多くてフェンス直撃が多かった。

プロに行ってからも最初はダメで、高校出5年目の2014年などを見ると、ようやく本領を発揮してきた（114試合123安打の打率3割ちょうど。22本塁打77打点、得点圏打率は両リーグトップの4割1分6厘）。2015年シーズンは30本塁打はいけるはずだ。

高校時代はスイッチヒッターで両方同じ量だけ練習していたのに、プロで左一本になってしまった。足が速くてアベレージヒッターのスイッチはいても、スイッチヒッターのスラッガーはいない。スイッチのホームランバッターになれると思っていただけに、残念なこと極まりない。

いずれにせよ、打球の速さと飛距離は群を抜いている。今後、松井秀喜にも清原和博にも匹敵するスラッガーになっていける。オレに言わせれば、日本人のホームランバッターは筒香しかいないのだ。

横浜高の「短くても濃い」練習

●ノックが最初

横浜高の練習時間は強豪校と言われる中では短い。授業が終わるのが13時50分。それからホームルームなどをして、学校から走ってグラウンドに来るのが14時20分くらい。

1 10分 ストレッチ体操、キャッチボール

2 30分 内野ノック（野手が1 2の間に投手は「ピッチャー・トレーニング」）

3 60分 投手と野手との合同守備練習

①ボール回し（対角線送球、右回り、左回り、ファンブル処理）

②ダブルスチール対処、ランダウンプレー

4 40分 フリー打撃（4人1組×3班。同時に守備練習と走塁練習）

①打撃練習（2分20球×1人4度＝計80球）

②守備練習（生きた打球を捕る）

③走塁練習（打球判断、スタート練習）

（他）準レギュラー2軍12人は鳥カゴ打撃、3軍は室内練習場

5 30分 投内連係、中継プレー（学校が休みの日は60分）

6 60分 シート打撃〈実戦形式〉（学校が休みの日は半日）

（横浜高は照明施設がないので、日照時間によって練習は1日4時間～5時間、休日は6～7時間）

1 最初にストレッチ体操とキャッチボールをして、そのあと、まず何をやるかといったら内野ノックだ。

2 他校から「最初からノック？」と驚かれるが、これは「ピッチャー・トレーニング10カ条」（P144）をやりたいから。30～40分の間、野手の時間が空いてしまうので、それならノックを先にしようということ。

3 内野ノックが終わったところで、ピッチャーと野手との合同練習を始める。

①まずはボール回し。二塁ベース（セカンド・ショート）と本塁ベース（キャッチャー）、一塁ベース（ファースト）と三塁ベース（サード）の対角線送球を最低5本ずつ放る。

次に内野右回り、左回りを5本ずつ。ダイヤモンドの中に入ってベース4～5メートル前でのファンブル処理（故意のワンバウンド送球、捕球・タッチプレー）など、いろんな状況を考えてのボール回し。

②ダブルスチール対処やランダウンプレー、「二人殺し」の練習。「二人殺し」は何年か

に1度の挟殺プレーかもしれないが、毎日練習している。

4 その守備練習を小一時間やったあと、バッティング練習。

①②③横浜高のグラウンドは広いので、4カ所で打ちたいところだが、2カ所の方が守備や走塁練習も兼ねてできる。

レギュラーメンバーの12人を4人1組の3班に分ける。4人が2カ所で打って（2人は素振り）、4人が守って、4人が走塁。

バッティングは1度1分半を4度だから、15球×4度で60球。2分のときは80球。マシンはストレートとカーブのミックス、カーブ限定マシン、スライダー限定マシンなど、そのときどきによって。

守備は、（ノックではない）実際に打者が打った「生きた打球」を処理する練習。

走塁は、打球判断やスタートの練習。

バッティングが終わったら守備。守備が終わったら走塁。3交代で30分~40分間。

この間、準レギュラー（主力に次ぐ選手と力ある下級生）の計12人の2軍は、三塁側にある鳥カゴ2カ所でバッティング。3軍は室内練習場で練習。

5 次は投内連係か、外野からの中継プレー。

6 そのあとに実戦形式のシートバッティング。ナイター設備が少ししかなくてホームベース付近しか見えないので暗くなったら終わり。

室内練習場での練習も含めて19時にはすべて終わりなので、時間にして4時間、長くても5時間。合宿住まいの選手は当番もある。夜間練習も20時まで。選手たちにも自由な時間を与えたり休ませたりするのは大事なことだ。そういう時代でもある。

ただ、無駄な時間はなく、練習時間が短くとも中身が濃いから選手はきついと思う。結果を出す選手は「決められた時間内で何をすべきか」を考え、充実した練習をしているものだ。

ピッチャーの1日の合計投球数

1日にどれだけ投げ込むのかは気になるところだろう。

故障で野球人生が終わってしまうのが一番つまらない。オレ自身はピッチャーを育成するとき、「イニング数」や「球数」の制限は慎重にやっている。

以下は、ブルペンと6シート打撃での合計投球数だ。

肩のスタミナを作らなくてはならないので球数もきっちり数えさせる一方で、1週間に

1日はノースローの日を作っている。
■1週間に計150球投げる日を2日間（ブルペン100球）
■1週間に計120球投げる日を2日間（ブルペン60～70球）
■1週間に計100球投げる日を2日間（シート打撃では投げない）
■ノースローデー

練習試合30ゲームで一人前になれ

●横浜高野球部は「月曜定休」

最近は、高校生に「休暇」を与えないとダメだ。横浜高も月曜日は練習なしにしている。そこで気持ちを切り替えて、また次の日からの練習に集中させる。

年末年始も、昔は12月31日、元旦、1月2日の3日間を正月休みにしていたが、今は、どこでも31日から3日までの4日間ではないだろうか。

4日間休んだら体がなまる。「それなら逆にもっと休んでもいいだろう」というのがオレの持論。野球留学の選手もいるから30日から5日までの7日間帰省休暇を与える。

しかし、「その1週間、1時間は自分で練習をしなさい」と伝える。

時計を持って、5分間ジョグ。次に電信柱1本分をダッシュ、次の電信柱は流して、また次の電信柱までダッシュ。これを25分間やれば、計30分。あとの30分はバットを振る。計1時間。これだけでいい。しかし、これすらやらない選手は多い。休み明けの動きを見れば、すぐわかる。

●冬こそチームプレー。練習試合は年間100

12月から1月末までの2カ月間、グラウンドではフリーバッティングをしない（シートバッティングはやる）。なぜなら14時20分に練習を始めて、暗くなる17時まで2時間少ししかないから。フリーバッティングは暗くなってから室内でやる。

高校野球は正味2年半、あっという間だ。冬であってもボールを握ってチームプレーを練習しておかないと春や夏に間に合わない。だから、冬場はグラウンドでバッティングをしない分、「投内連係」の練習をたくさんやる。

試合は3月の解禁日から11月末まで土日フルに入って来る。9カ月間で計100試合。高校野球では普通だろう。平日練習する分、土日は試合をしたほうが指導者も楽だし、選手も楽しい。横浜高にはグラウンドがあるからほとんど来てもらって、外に出るのは招待試合ぐらい。

練習試合は、30試合出場までオレは選手に文句は言わない。選手自身がそこまでに自ら考えてプレーし、一人前になってほしい。

第4章
戦略3 偵察

なぜ偵察が必要なのか

「偵察」というと、こっそり相手を見る行為のようで、あまり聞こえがよくないと思う人もいるだろうが、要するに試合に向けての「準備」であって、絶対必要不可欠だ。

仕事で商談に当たるときでも、学校のテストに臨むときでも、大事なことの前には念入りに準備をするだろう。偵察はそれと同じなのだ。

野球を始めてすぐ、ガキの頃から誰に言われるでもなく「相手を知らなければ勝負には勝てない」と思うようになった。中学に入った頃には相手チームを事前に見ては「このピッチャーのウイニングショットはこれだ」とか、「この球を投げる前に、この球でストライクを取ってくる」とチェックしていた。当時はさすがにノートやメモに書いたりはしなかったが……。

特にデータに興味を持ち始めたのは大学生の頃で、具体的にメモを書き始めたのは東海大一高のコーチになったときから。

見ても書かないと忘れてしまうから。すると不思議と「もっと知りたい、もっと情報を得よう」「こういうことがわかれば試合に使える」と意欲がわいてきた。書いたデータをキャッチャーに渡してリードに役立たせた。

野球というのはほんのちょっとした差でアウトになったりセーフになったりして状況が変わってくる。そのちょっとの差が勝敗にかかわってくる。0・1秒、0・2秒の勝負だから、小さなことを見逃さないことが勝利への道。

選手たちにはよく、「お前たちがリードすれば4点は取られる。でも、オレがやれば3点で済む」と言っている。事前の情報があれば、出場させる選手も変わってくるし、作戦も変わってくる。間違いなく1、2点は違ってくる。

世の監督さんたちがどういう偵察をしているのかわからないが、まずはしっかり見ること。何となく見るのではなくて、選手の仕草1つも見逃さないようによく見る。そして、気づいたことを書きとめておく。

「ストレートは振るけど、変化球は見逃がす」「バットがこういう軌道をしているから、打球が飛ぶ方向はこっち」とか。

それ以前に、見る目を養わないとどうしようもない。「なぜこのピッチャーとこのバッターだと打球はフライになるのか」などの理屈がわからないと、いくら見てもいいところまで書けない。だから、オレが言う「勝ちたいなら野球を勉強しなさい」ということになる。

ネット裏の前方で見るべし

対戦校が決まった後に偵察することもあれば、近日中の対戦はないにしろ、夏の大会や関東大会などで当たる可能性がある高校の試合は、できる限り球場に足を運ぶ。ビデオやテレビで見るよりも、絶対にナマで見たほうがいろんなことが見えるから。遠い球場だし面倒だと思っても、「勝つための近道」はない。ちゃんと行ってちゃんと見る。

2試合見られたらいいデータが書けるが、なかなかそんな時間もないから、だいたいは1試合。ピッチャーが複数いる高校や、偵察した試合が大勝で参考にならないこともあるので、せめて「1・5試合」は見たいところだ。そうすれば、オレはレギュラー9人中7人の弱点がわかる。

どこで見るかといったら、当然ネット裏、前の方。一番前から3〜5列目ぐらい。他の高校の監督さんたちは、球場に見に来ていても人目につくのがイヤなのか、スタンドの上のほうで見ていることが多いが、よく見えないと思う。もったいない。オレは絶対に前で見る。

神奈川の人気カードだとすぐにネット裏の席が埋まってしまう。ネット裏の常連さんに席を取っておいてもらうように頼んだりもした。オレは（年齢や体調もあって）さすがに徹夜して並ぶなどということはできないので。

ピッチャーはホームベース真後ろのネット裏で大丈夫だが、バッターは真後ろでは見えない部分があるので、少し横に移動して見ることもある。

見えない部分というのは、バッターが打ちにいくときの軸足の入り方。右バッターの場合、右膝、右腰が落ちてないかということ。「入り」が早いと変化球が打てないから、見るのに大事なポイント。しかし、真後ろだとキャッチャーが邪魔で見えないから、ネット裏から15メートルくらいのところにズレて見る。

ベンチ上あたりまで移動すると、「あいつベンチの中を見て、サイン盗んでるんじゃないか」と疑われるので、そこまでは行かない。

「ピッチング」の偵察ポイントは6つ

ピッチャーの「何」を見るのか。

①持ち球には何があるか

それぞれの球の威力、キレ、コントロール。

②一番多く投げる球

1イニングに何を何球投げるかを、イニングによって変えてくることもある。しかし、全体を見れば、どの球種を一番多く投げているかわかる。

③一番威力ある球

ストレートか、変化球か。変化球なら具体的に何か。

④勝負球

打てない球は何か。ストライクの確率が5割以上あれば打っていかないといけない。4割以下なら捨てる。

⑤配球

■カーブでストライクが取れれば、カーブが続くのか。
■カーブでストライクが入らないと、ストレートに切り替えるのか。
■ランナーが出たとき（盗塁されるのがイヤなバッテリーなら）変化球が少なくなるのか。

何度か見ていくと、そういった「傾向」がわかる。

スピードは、目測でもだいたい当たる。間違えても１～２キロ。５キロ間違えなければいい。２～３キロの誤差なら痛くもかゆくもない。

近年は、電光掲示板に球速表示が出るし、プロのスカウトがいるときはスピードガンを見せてもらったりする。だが、スピードガンは初速と終速の差があるし、メーカーによって数字が違う。自分の目を基準に見るのが一番確かだ。

そんな中、「１３５キロを超えて、かつ球が伸びる」ピッチャーは厄介だ。１４０キロ出ていても球に伸びがなければ怖くないし、球が軽いとか棒球のピッチャーは打ちやすい。

⑥打てる球は何なのか

以上のことを考え、オレは偵察メモをつけながら、「打てる球」「狙い球」を導き出していく。

【Ｐ１１０、Ｐ１１１　ピッチングの偵察「小倉データ」参照】

ピッチングの偵察

（キャッチャー側から見た図）

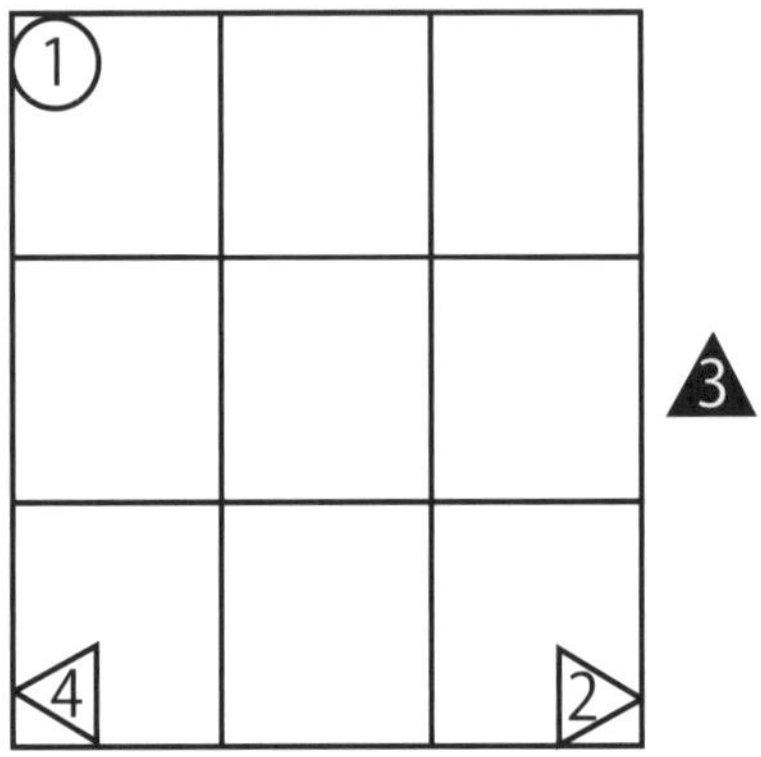

持ち球の分析

ストレート　スライダー　カーブ　シュート　落ちる球

白はストライク
黒はボール

1球目……インコース高め　ストレート（ストライク）
2球目……アウトコース低め　スライダー（ストライク）
3球目……アウトコース真ん中　カーブ（ボール）
4球目……インコース低め　シュート　（ストライク）

エース [redacted] 175～177cm
ワインド・アップをゆっくりして左足が着地してから、今までゆっくりが、一転して腕をしっかり振って投げてくる。
持ち球 ストレート MAX 138～139 平均 130～139K なぜ9Kも差があるか
Ⓐこの打者ならこの程度でいい 130～134K Ⓑピンチの時や、2ストライク後は全力で 136～139K

カーブ このカーブはキレがない。このボールは、初球にストライクを取るためにあるボールと言っていい。あと投げるとすれば、この打者は打てないと見た時、初球から二球続けて投げるか……カウント 2－1とか1－0のあとにボールにする（次に生かす球の前に（捨てる球と言っていい）カーブ平均 103～109K。
スライダー 対桐生戦は半分以上ボール。……コースもストライクからボールにスライダー。高低も、最初から低目のボールからボールになるスライダーと、ストライクからボールにスライダー ともにボール球、ボールを振らないことと、ともに 目線も上げる
スライダーも多少の緩急をつける。
~~フォーク~~ スライダーも 平均 112K～119K
フォーク ピンチの時 早いカウントからと勝負球に投げる。（追い込んだ時 2－1、2－2）
ピッチング内容……Ⓐ9人いる打者でこの打者は打てないなと思う打者には、簡単に ストレート （しかも132～134K）でストライクを取ってくる。……対横浜の該当者は柳野か？
Ⓑこの打者もそんなに打てないと思う打者には カーブ でストライクを取ってくる、続けて投げてくることもある。Ⓒいい打者には、全力に近いストレート 136～139Kとスライダー、あるいは内角から入ってくる。

左打者に対して……絶対的自信を持っている。左打者に対して、左打者のヒザを 目的 にしストレート、スライダーを投げてくる、外角の球は威力ある球はない。ストレートやカーブをボールにして最後は 内角勝負 でくる。

配球 対桐生では、捨て球を入ると、ストレート三球続けてはあるが、どのボールにしても二球止まり、一球でボールの種類が変わることが多い。

A.	右打者	ストレート（外）	スライダー（外）Ⓑ	ストレート（内）Ⓢ	スライダー Ⓑ	ストレート（スライダー）	（ストレート 50%、スライダー 50%）
B	右打者	Ⓢ スライダー（外）Ⓑ	ストレート（内）Ⓢ	ストレート（スライダー）B	ストレート（スライダー）S	スライダー	（は ストレート 50%、スライダー 50%）
C	左打者	カーブ（外）	ストレート（内）	スライダー（内）	ストレート（内）		
D	左打者	ストレート（内）	ストレート（外）	スライダー（内）	ストレート（内）	スライダー（内）	

ストレート、スライダーは投げても二球連続まで、三球はない。二球までは80～90%。三球続けて投げることは10%しかない。2ストライク取られたら、ストレート待ちのスライダー対応

走者一塁 殺される牽制球はない。セットの静止は長い、足は高く上げないが、足はゆっくり上げる。捕手の送球は全部スライダーしている 強肩だがコントロールは良くない。

・走者二塁 桐生が一度しか走者二塁がなかったので……試合中に早くコツをマスターしろ。
・左打者の外角のストレートの時だけ遊撃手が多少……二塁ベース方向に寄る。逆ではないか？思うが。
・走者なしの時、普通のチームの三遊間手の寄る位置よりも、4～5mも三遊間に寄っている。いかに内角球と外角カーブ、スライダーが三遊間に多いことを示す。
だから三遊間に引っ張ってもだめ。センター前に素直に打ち返せ。
右打者の内角球と左打者の内角球、なんとかして打者に分るようにすること（右打者はストレート）
自分で見てもいいし、ベンチからネクストからコーチャーからなんとかしろ。（左打者 ストレート スライ……

よく、「3ボール1ストライクになったときに投げるのが一番コントロールできる球」で、「キャッチャーのサインに首を振った後に投げるのが一番自信のある球」とも言われるが、オレが見る限り、ピッチャーが「球を投げる順番、ストライクを3つ取る方法」には次のような傾向がある。

■第1球目＝ストライクを取れる球を放る。

ストレートか変化球かは投手によるが、ストライクを先行したいというピッチャー心理が強く働く。

ピッチャーは楽をしたい動物だから、意外と初球に甘い変化球でストライクを取ってくることが多い。

ただ、必ずしも第1球目にストライクを放るとは限らない。

また、2ストライクと追い込んだあとばかりが「勝負球」ではなくて、ランナーがいれば初球から勝負球を放ることもありうる。ケースバイケースだ。

■第2球目＝ファウルか空振りか、打ち取れる球を考える。

■第3球目＝見せ球や遊び球を持って来る。

■第4球目＝勝負球。

もちろん、4球で終わるということでもないが、こうして見ていると、そのピッチャーが何を得意としているか、何に自信を持っているかということがわかってくるものなのだ。

「ピッチャーのクセ」の偵察ポイントは3つ

偵察には双眼鏡を使うときもある。何を見るのか。

①球種の握りを見る

キャッチャーのサインを覗き込んでいるとき、握ったボールを尻の後ろに置いて、これから投げようという球種の握りをしてしまうピッチャーがいる。尻から胸にボールを持って来るときに球種がわかる。

②最初にストレートの握りをしていて、変化球の握りに変えるときにクセが出る

③ストレートを投げるときと、変化球を投げるとき、投球フォームが違う

2001年当時、横浜高のエースだった畠山太は、ストレートのときは指に力が入って、グラブの甲の穴から少し指が出るクセがあった。変化球のときは力が入らないから出ない。それを相洋高（神奈川）の大八木治監督（現・福井・啓新高監督）に見抜かれて打たれた。畠山はそれを機にそのクセを意識して直した。

成瀬も高校では大丈夫だったが、プロに行ってから研究されたと聞く。決め球のチェンジアップを投げるとき、「低めに投げよう」という意識が強く、視線が下に流れたらしい。

そのほかにも、セットポジションのとき、ストレートと変化球で、グラブを胸にセットする場所が違うピッチャーがいる。

「けん制のクセ」の偵察ポイントは4つ

ランナーがスタートを早く切れるか、先の塁を奪えるかというのはとても大きな要素だ。盗塁は27・43メートルの中で、ちょっと早ければセーフだし、ちょっと遅ければアウト。足の速い遅いもあるが、投手のクセを見抜いて「盗む」ことができれば成功する。先の塁が奪えれば試合展開が変わってくる。

では、けん制のどこを見るか。

①ピッチャーの顔の角度

どの角度のときにけん制を投げるか、どの角度のときに打者に投げるか。

よく「左ピッチャーの方が一塁ランナーが見えているから走りにくい」と言う人がいる。だが、後ろ向きで立っている右ピッチャーの方が、実は一塁に投げやすく、はるかにけん制は速い。左ピッチャーは、浮いている右足をどう動かしてくるかだけに注意すればいい。

しかし、オレがいくらピッチャーのクセがわかっても、実際に動くのは選手だ。選手がクセを理解しないと意味がない。

だから「マウンド」と「一塁ベースからのリード地点」（リード幅の目安は約3・5メートル）を結んだ延長線上でビデオを撮って、合宿所で選手たちに見せていた。「あのピッチャーはこういうクセがあるから、しっかり確認しておけよ」と。

【P116　図解①参照】

②ピッチャーから「角度的にランナーが見えているのか、見えていないのか」

甲子園の春32代表、夏49代表の中で、半分近くの高校のピッチャーはランナーを見ているようで、見ていない。見えているようで、見えていない。だから走れる。

ピッチャーもいかにもホームへ投げるぞという動作を入れながらけん制をしてくるし、クセを見破られないように気をつけているだろう。だが、まさに「無くて七癖」。けん制するときのクセ、投球するときのクセの違いがはっきりと出る。徹底的に見て、それをつかむのだ。

③セットポジションで制止してから、何秒でバッターに投げるのが一番多いか

図解❶ ピッチャーのけん制のクセを偵察

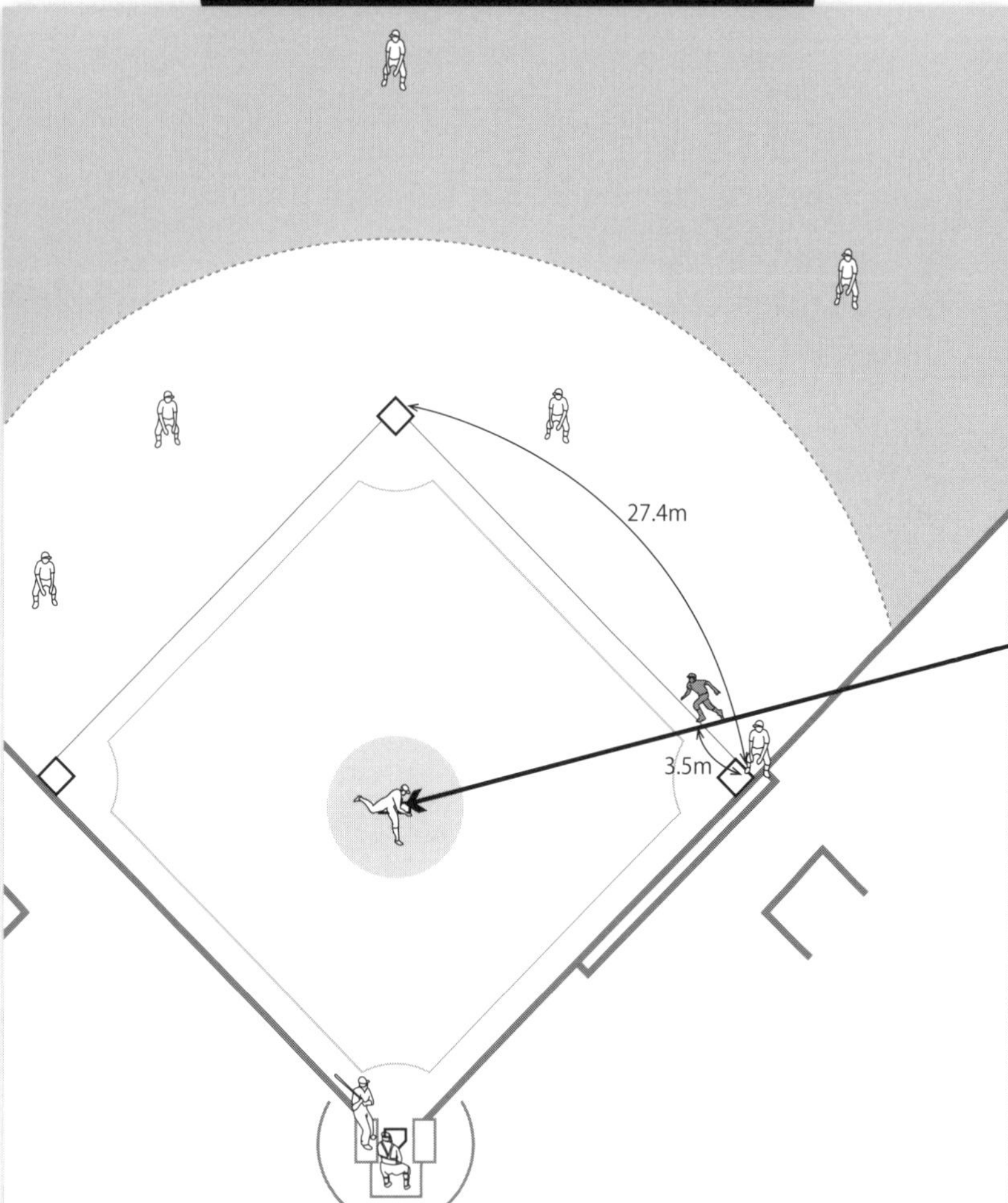

「マウンド」と「一塁ベースからのリード地点」を結んだ延長線上でビデオを撮る。
（リード幅は約 3.5 メートル）

意図的にボールを長く持つピッチャーもいるが、やはりクセは出る。4秒から7秒と長く持たれると、ランナーがスタートのタイミングが取れなくて厄介だが、その中でも、どの秒数でけん制、投球が多いかという傾向が出てくる。

逆に、セットで制止してからの秒数が短いのは攻撃側からして楽だ。2秒から3秒というのが一番走りやすい。

④二塁けん制ができるか否か

180度のけん制なのか、90度のけん制なのか。それが上手いのか下手なのか。二遊間との連携、呼吸は合っているのか。

杉内俊哉の攻略法

松坂の代に、杉内俊哉（鹿児島実高→巨人ほか）を攻略した。

杉内の威力ある球種はカーブ。バッターはワンバウンドになるようなカーブをクルクル振ってしまっていた。膝より低いカーブはなかなか当たらない。

横浜高の打線も、ひと回りかふた回りは打てないだろうと思い、少しでも早く対応できるように、ボールを地面に置いてゴルフボールを打つ要領でバットを振らせた。

「狙うのは、曲りが少ない高めのカーブ。内側からバットを出せ！」

しかし、試合が始まったら案の定、「クルクル」回る。

それでも、杉内は二塁ランナーが出ると一度見て、二塁ランナーから目を切ってから投球までが長い。そのクセを偵察で見抜いていた。ノーアウトでランナーが出たらバントで送ってワンアウト二塁、そこから三盗ができる。

読み通り、小池が三盗を試みて楽々セーフ。後藤がセンターに犠飛を打ち上げて1点。1点あれば松坂がいるから1対0で勝てると思っていたが、その松坂が杉内の決め球のカーブを狙い打ちの2ランで快勝。杉内はそんなにふうにして攻略した。

松井裕樹の攻略法

松井裕樹（神奈川・桐光学園高→楽天）が高2夏のとき甲子園に行った。松井はバッタバッタと三振の山を築き、1試合22奪三振の新記録を樹立した。当然ながら、横浜高がその前に阻止していれば生まれなかった記録だ。

というのも、桐光学園高1年生1番打者の武拓人（早大）の打球は、事前の偵察で二塁ベース付近と三遊間の前あたりに多く飛ぶ傾向がわかっていた。だからセカンドには「ベース付近を守れ」、ショートには「三遊間の前を守れ」とデータを書いて渡しておいたのに、その通り守らなかったのだ。

結局、武がノーアウトから2度塁に出て、2度とも生還。1本は二塁ベースのところへ内野安打。8回には三遊間に内野安打。オレが調べた通りだった。

あの試合のスコアは3対4だったが、その2点がなければ3対2で横浜高が勝っていた。桐光学園が甲子園に行くこともなければ、松井の甲子園鮮烈デビューも幻に終わっていたはずだった。

翌年の夏、高3になった松井は当然進化していて、正直打ち崩すのは難しいと思った。

ストレートとスライダーだけなら「スライダーは打たなくていい」という作戦でいけたが、チェンジアップが加わってさらに厄介になった。

だが、よく見ていると、チェンジアップは右バッターにだけで、左バッターには投げない。しかも右バッターに対しても投げる確率は10球中、あっても2球。だから、チェンジアップはないものと考えていいという結論に達した。

「スライダーは膝あたりの低めに来たら打たなくていい。捨てろ」

「その代わり、ストレートには振り遅れるな」

結局、浅間と高浜にホームランが出て松井を攻略し、その夏は甲子園へ。

実は、けん制のクセもつかんでいた。1、2でけん制が来る。だが1、2……と2秒を超えたらバッターに投げた。あの年の横浜高には走れる選手が少なかったのだが、松井のとき本当はもっと走れたはずだった。

松井にはやられもしたが、やり返した。松井が好投手であることは間違いないし、オレも楽しませてもらった。

打者編

「バッティング」の偵察ポイントは5つ

①構えからスイングへの入り方。右腰、右膝がスムーズに無駄なく出て行くか
②スイングの形。バットのヘッドが下がっていないか、極端なダウンスイングでないか
③ピッチャーに対してタイミングよく入っているか
④スイングが強いか弱いか

この4つを見れば、だいたいバッターの実力がわかる。

【P122、P123　バッティングの偵察「小倉データ」参照】

1試合4打席ある。バットを振ってファウルでも打てば、100%までいかなくてもかなりの確率でわかる。

「どのコースが打てるか」「変化球が打てるか」「速い球が打てるか」「スイングの軌道からして、横浜高のピッチャーに対した場合の打球方向」まで推測できる。

怖いのは当然、しっかりタイミングが取れて、スイングが強いバッター。

バッティングの偵察

（キャッチャー側から見た図）

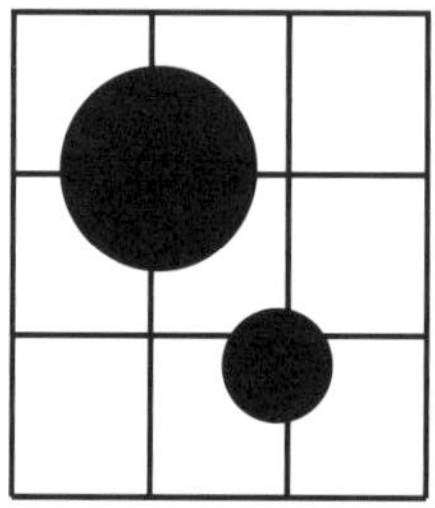

打てる部分

ストライクゾーンを9分割。
バッターの「打てる部分」を考慮して、
キャッチャーはリードする。

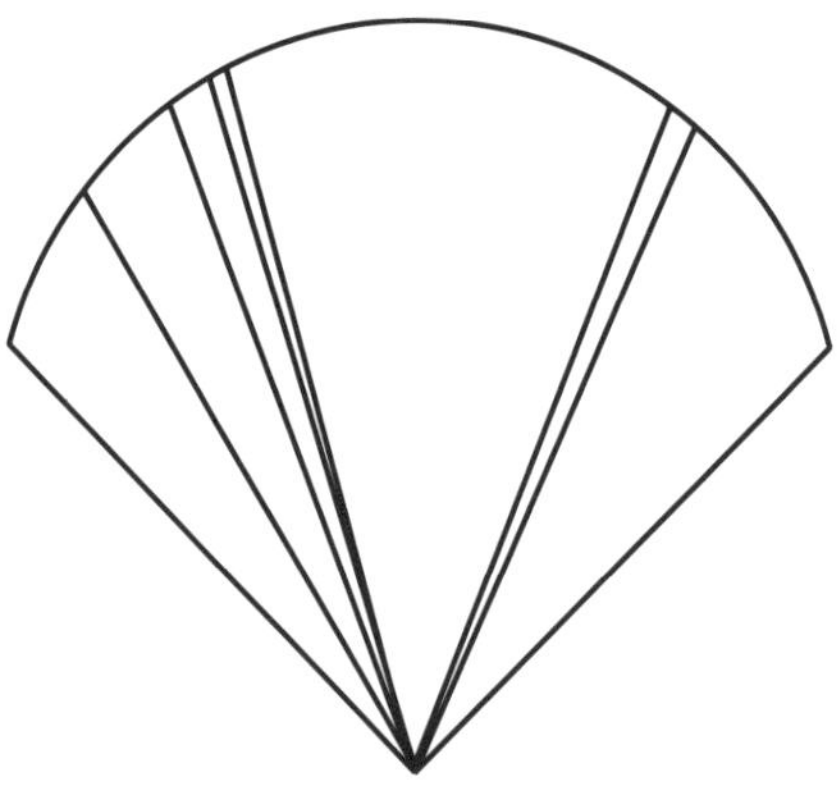

打球の方向

「打球がよく飛ぶ方向」を考えて
内野手と外野手はポジショニングをする。

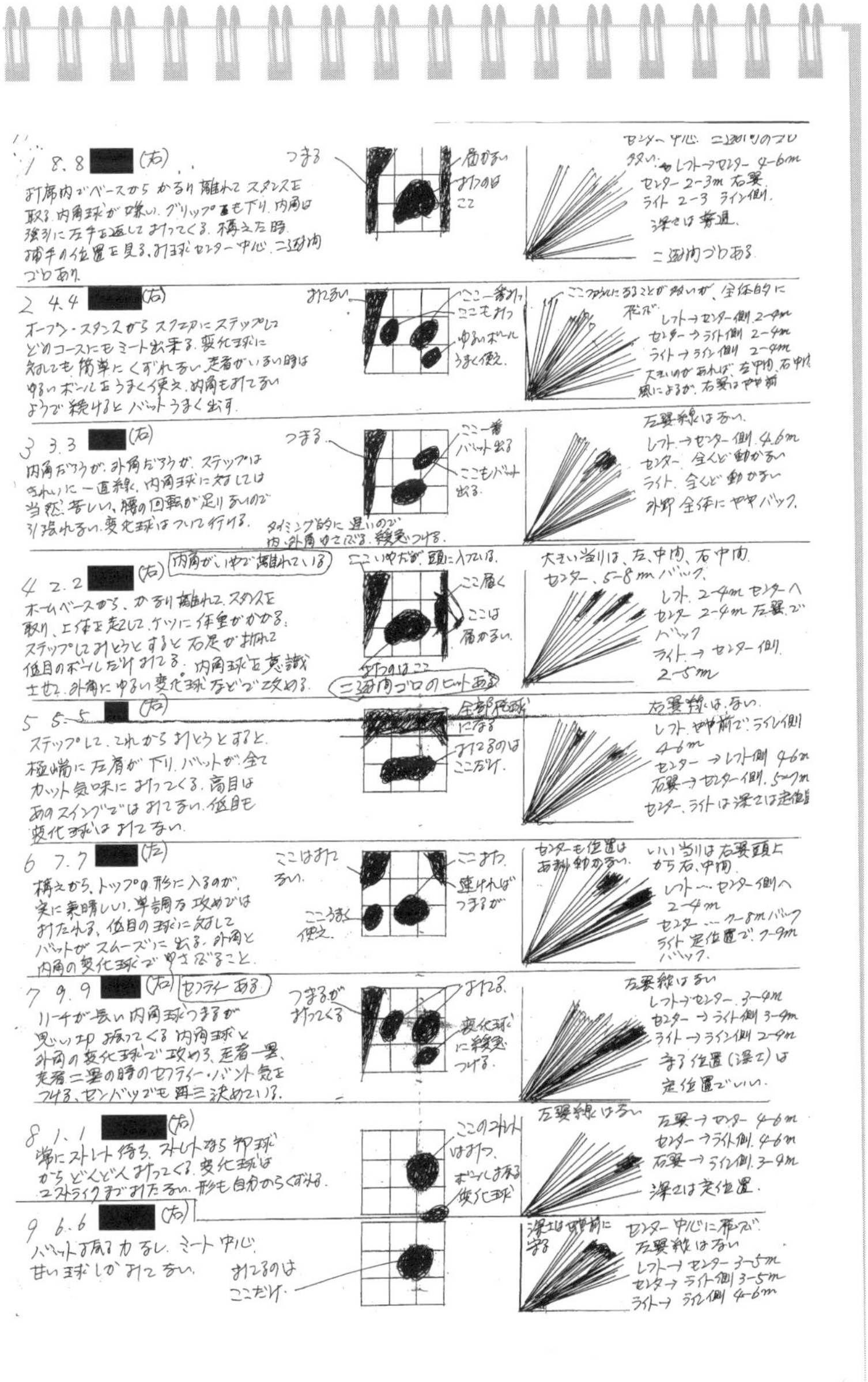
1 8.8 [redacted] (右)
打席内でベースからかなり離れてスタンスを取る。内角球が嫌い。グリップ・肩も下り、内角は強引に左手を返して打ってくる。構えた時、捕手の位置を見る。打球センター中心、二遊間ゴロあり。
つまる
届かない
打つのはここ
センター中心、二遊間のゴロ多い。
レフト→センター 4-6m
センター 2-3m 右翼
ライト 2-3 ライン側。
深さは普通。
二遊間ゴロある。
2 4.4 [redacted] (右)
オープン・スタンスからスクエアにステップしてどのコースにもミート出来る。変化球に対しても簡単にくずれない。走者がいない時はゆるいボールをうまく使え。内角も打てないようで続けるとバットうまく出す。
打てない。
ここ一番打つ
ここも打つ
ゆるいボールうまく使え。
ここファウルになることが多いが、全体的に飛ぶ。
レフト→センター側 2-4m
センター→ライト側 2-4m
ライト→ライン側 2-4m
大きいのがあれば、左中間、右中間
風によるが、右翼はやや前
3 3.3 [redacted] (右)
内角だろうが、外角だろうが、ステップはきれいに一直線。内角球に対しては当然苦しい。腰の回転が足りないので引張れない。変化球はついて行ける。
タイミング的に遅いので内・外角ゆさぶる。緩急つける。
つまる。
ここ一番バット出る
ここもバット出る。
左翼線はない。
レフト→センター側 4-6m
センター、全くど動かない
ライト、全くど動かない
外野全体にややバック。
4 2.2 [redacted] (右) 内角がいやで離れている
ホームベースから、かなり離れてスタンスを取り、上体を起こして、ケツに体重がかかる。ステップして打とうとすると右足が離れて低目のボールだけ打てる。内角球を意識させ、外角にゆるい変化球などで攻める。
ここいやだが、頭に入っている。
ここ届く
ここは届かない。
打つのはここ
二遊間ゴロのヒットある
大きい当りは、左、中間、右中間。
センター、5-8mバック。
レフト 2-4m センターへ
センター 2-4m 左翼で
バック
ライト→センター側
2-5m
5 5.5 [redacted] (右)
ステップして、これから打とうとすると、極端に左肩が下り、バットが全てカット気味に打ってくる。高目はあのスイングでは打てない。低目も変化球は打てない。
全部飛球になる
打てるのはここだけ。
左翼線はない。
レフト やや前で、ライン側
4-6m
センター→レフト側 4-6m
右翼→センター側 5-7m
センター、ライトは深さは定位置
6 7.7 [redacted] (左)
構えから、トップの形に入るのが、実に素晴しい。単調な攻めでは打たれる。低目の球に対してバットがスムーズに出る。外角と内角の変化球でゆさぶること。
ここは打てない。
ここうまく使え。
ここ打つ
速ければつまるが
センターも位置はあまり動かない。
いい当りは右翼頭上から右、中間
レフト…センター側へ
2-4m
センター…7-8mバック
ライト 定位置で 7-9m
バック。
7 9.9 [redacted] (右) セフティーある
リーチが長い内角球つまるが思い切り振ってくる。内角球と外角の変化球で攻める。走者一塁、走者二塁の時のセフティー・バント気をつける。センバツでも再三決めている。
つまるが打ってくる
打てる。
変化球に緩急つける。
左翼線はない
レフト→センター 3-4m
センター→ライト側 3-4m
ライト→ライン側 2-4m
守る位置（深さ）は定位置でいい。
8 1.1 [redacted] (右)
常にストレート待ち。ストレートなら初球から、どんどん打ってくる。変化球は2ストライクまで打たない。形も自分からくずれる。
ここのストレートは打つ。
ボールになる変化球
左翼線はない
右翼→センター 4-6m
センター→ライト側 4-6m
右翼→ライン側 3-4m
深さは定位置。
9 6.6 [redacted] (右)
バット振る力なし。ミート中心。甘い球しか打てない。
打てるのはここだけ。
深さは定位置前に守る
センター中心に飛ぶ。
左翼線はない
レフト→センター 3-5m
センター→ライト側 3-5m
ライト→ライン側 4-6m

逆に、スイングへの入り方も形も悪い、スイングが弱い、タイミングも悪い。こういう選手は「自衛隊」と呼んでいた。もちろん「守るだけ」の選手という意味だ。

⑤打席に入る前の素振りを見る

打席に入る前の素振りは結構いいことを教えてくれる。だいたい自分の好きなポイントを狙って振って、嫌いなところは振らないから。工藤公康投手（ソフトバンク監督）も何かの本で同じことを言っていた。

チームとして「ここを狙っていけ」という方針があれば、そこを振っていることもあるので、何人かが続けて同じコースを振っていれば、「あ、インコース狙いなんだな」「低め狙いなんだな」という狙いに気づくものだ。

ただ、チーム方針があっても、打席前の素振りだけは「好きなところオンリー」のバッターがいるから、意外に役立つ。

横浜高のエースが右ピッチャーなのに、偵察したい相手校に投げたのは左ピッチャーだったというときもある。当然ながら「対右ピッチャー」のデータが取れていない。

バッターの中には、左ピッチャーの入ってくるインコースなら打てるが、右ピッチャーのインコースは打てないという極端な選手もいる。

そんなときは、試合序盤に味方バッテリーに、インコースを投げるよう指示し、探りを入れさせればいい。

「選手の性格」を見抜くのが、なぜ重要か？

試合の中で、性格的な部分を見抜くというのも大事な偵察だ。

ピッチャーなら、例えば、大ピンチに追い込まれたときに、開き直って「えいやー」と投げて失敗するタイプ。逆に、追い込まれても、慎重に粘り強くあきらめないで投げ切れるタイプか。

前者はピンチ（こちらのチャンス）で棒球が来ることがあるから、対戦相手としたらやりやすい。

キャッチャーも同じ。慎重派できっちり攻めて来るタイプか、その逆か。中には、「変化球を放らせておけば大丈夫だろう」と、適当に変化球を多投させるキャッチャーもいる。このポジションこそ、どこまでも慎重派でないといけない。

バッターなら、例えば3ボール2ストライクになったときに、「フォアボールを選びたい……」と見逃してくる選手と、「絶対打ってやる！」と打ち気満々の選手がいる。

消極的な選手ならばストライクを放れば見逃し三振が取れるし、特に打ち気満々な選手ならボール球を投げてやれば空振り三振が取れるときもある。

性格的なことを1試合で見抜くのは難しい。だが、同じ神奈川県内だと、1年間の中で何度か試合を見たり対戦する機会があれば、話をしなくても気が小さい選手か強気な選手か、だいたいわかってくる。これは練習試合ではなく、公式戦でこそ本当の姿が見える。

プロ野球では、何度も同じ相手と対戦するわけだから、巨人V9時代の正捕手だった森祇晶さんや、もちろん野村克也さん（元南海ほか）、古田敦也（元ヤクルト）らも、性格まで見てリードしたからこそ名キャッチャーと言われたのだろう。

捕手編

「キャッチャーの肩」の偵察ポイントは3つ

●キャッチャーが投げる最長距離とは？

キャッチャーはどんなに長くても二塁までの38メートル＋5メートル（投球を後逸した距離）の43メートル以上を放ることはない。

だからその最長距離をドーンと投げられるキャッチャーがいい。軽くてフワッという送球やきれいすぎる送球ではダメ。ドーンという力のある球を投げられること。

①「見せ肩」なのか「本物の肩」なのか

「見せ肩」というのは、良い二塁送球が行くが、1～2歩、無駄なステップを踏んでいる。

良い送球を見せておいて、試合本番で盗塁企図をさせまいとする意図がある。

地肩の強い「本物の肩」のキャッチャーは余計なステップはしない。それは試合前ノックのときに見ておく。

②送球のコントロールの良し悪し

試合前ノックの一塁送球、二塁送球、三塁送球でわかる。いい投げ方をしていなければ悪送球もある。

最近は、試合前ノックで二塁送球をやらない高校もある。だからイニング間の投球練習の二塁送球でコントロールをチェックする。

■肩に自信がないキャッチャーは、だいたい右足を前に出しているからそこが判断基準になる。次に左足をワンステップして投げるのだ。逆に、右足を引いているキャッチャーは肩が強い。

■二塁送球のタイムは、ピッチャーの球速と一緒で、目測でだいたいわかる。強肩キャッチャーは、ボールがミットに入ってから送球して遊撃手が捕るまで2・0秒以内だ（プロは1・8秒）。

③捕球は「止め型」か「捕り型」か

「止め型」というのは、何でもかんでも止めればいいと思っているキャッチャーのこと。そういうキャッチャーだと、ワンバウンド投球を体で止めて前に落とすから、ワンバウンドした時点でランナーはスタートできる。

「捕り型」だと、捕って二塁送球してくる。アウトになる危険性もあるということだ。キャッチャーはワンバウンドの投球の場合、自分のベルトより下のワンバウンド（ショートバウンド）は捕りやすい。ハーフバウンドは止めるだけだから走りやすい（要するに捕れるボールでも止めているキャッチャーがかなりいる）（逆にランナーになったら配球＝落ちる球も読んでおくと走りやすい）。

リードは「逆算型」か「積上型」か

リードは数イニング見ただけではわからない。試合途中で変えてくることもあるからだ。だが、1試合か1・5試合ぐらい見ていると、だいたいの傾向は見えてくる。やはり「無くて七癖」なのだ。

例えば、1イニング14球ぐらい投げたとして、半分の7球はストレートで、スライダーが4球だとか。

「逆算型」のキャッチャーは、大まかに言えば「勝負球をこれにするから、この見せ球と遊び球を挟む。ということは、その前にあの球種でファウルや空振りでカウントを稼ぐ」という考え方のリード。

「積み上げ型」のキャッチャーは、「まず初球ストライクを取れたら、次はボール球。または、ストライクが取れたからもう1球ストライクを取って早く追い込めば、あとは2つくらい見せ球を使ってから勝負」と積み上げていくリード。

このタイプを見分けたら、こちらも対策を立てやすい。

今、高校野球で一番ありがちな失敗のケースは、135キロくらいのストレートに振り遅れているバッターに、125、6キロのスライダーやカットボールを投げさせてしまうこと。タイミングがちょうど合って、打たれるケースが多い。ダメなキャッチャーのリードの典型だ。

2ストライク後、カーブか落ちる球で勝負して、ファウルやボール。2~3球このような変化球を投げさせておいて、裏をかいたつもりでストレート勝負すると、単純なバッターやストレートしか打てないバッターには意外に打たれることがあるので注意が必要だ。

前橋育英高（群馬）が全国制覇をした2013年夏、2年生エースの高橋光成（西武）をリードしていたキャッチャーの小川駿輝（大東文化大）は、試合の途中に「組み立て」を変えていた。全国制覇するにはそれなりのキャッチャーがいないとできないということだ。

試合前ノックで「中継カットマン」の位置を確認

内外野手を偵察するのは試合前のシートノックのときがわかりやすい。中継プレーでカットマンが正しい位置に入っているかを見る。

例えば、レフト前ヒットでバックホームのときにサードがカットマンに入る位置は、ピッチャーマウンドのプレートの一番端ぐらい。この地点は、ホームベースから三塁線上の距離にして約12〜13メートルだ。【P132　図解②参照】

なぜここに入らないといけないか。それは「ノーカット」のとき、ワンバウンドでキャッチャーに届く位置だから。これがもっと外野寄りにいたら、外野からの送球がキャッチャーに届くまで、2バウンドか3バウンドになる。そういうことを考えて、ショートやセカンドもいい位置に入っているか偵察するのだ。

そういえば試合中のことになるが、2012年春のセンバツ甲子園で聖光学院高（福島）とやったとき、岡野祐一郎（青学大）というコントロールの良いピッチャーに苦戦するかと思ったら、センターの選手がアウトコースのときは右中間に守り、シュート系は左

図解❷ 中継プレーでカットマンが入る位置

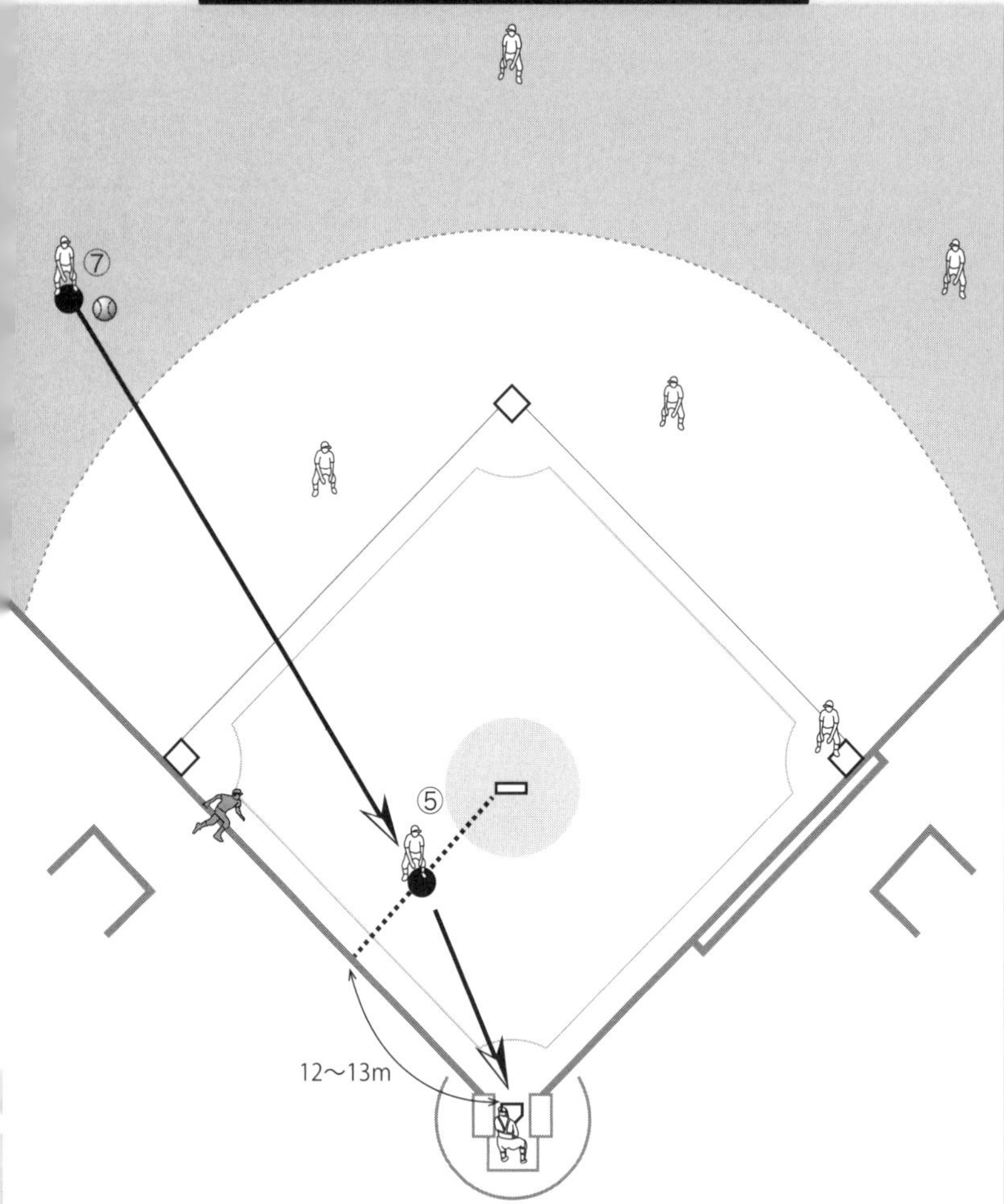

例えば、レフト前ヒットでバックホームのときにサードがカットマンに入る位置は、ピッチャーマウンドのプレートの一番端くらい。
この地点は、ホームベースから三塁線上の距離にして約 12 〜 13 メートル。

中間に移動。いろいろ教えてくれた。

野手は球種によって動いていいのだが、5～6球のうち2球はダミーを入れることだ。バッターが混乱して簡単に打ち取れる。

チーム「盗塁数と失策数」を重視

甲子園前、地方大会の戦績が載っている甲子園展望号の雑誌が発売される。あれを読むとき重視するのはチーム盗塁数とチーム失策数だ。

盗塁に関しては基本、「足にはスランプがない」。だから地方大会で走れる学校は甲子園でも走れる。

失策は、例えば神奈川は人工芝の球場が多くて、イレギュラーバウンドが少ないから、普通に考えて1試合あたりのエラーも少なくなる。

一方、地方に行けば今でこそいい球場も増えたが、土の球場やよくないグラウンドもあるので、そこでエラーが少ないというのはよほど守備が鍛えられていると判断できる。

甲子園大会では緊張してエラーも多少は増える。それに甲子園球場は外野の芝生が「強い」。スパイクの歯が芝生に入っていかなくて滑るのだ。だから外野手が踏ん張れなくて送球のコントロールミスが出る。

そのあたりを考慮して、初対戦校の守備力を予測する。

データ分析をプレーに反映できないと無意味

データを取っても分析できないと意味がない。「相手はこうだから、ウチはこう攻める、こう守る、こういう作戦で行く」と結論づけなくてはならない。

また、選手側に分析を生かす力がないとダメだ。あそこが打てないとわかっていても、そこに投げるコントロールがないのではダメだし、相手はこんな球を投げて来るとわかっていても、それを打てる力がないとダメ。だからこそ、データを試合で生かせるように、一生懸命練習をするのだ。

2012年の春のセンバツ甲子園。関東一高と対戦したとき、データをまとめて書いて渡したのにバッテリーは何をやっていたのか。

「秋山翔太（立大）に、絶対あそこだけは投げるなよ！」

なのに、そのインコースに放ってライトに先制2ラン。出鼻をくじかれて試合は負け。

2013年秋の関東大会で佐野日大高（栃木）と対戦したときも、キャッチャーに念を押した。

「稲葉恒成（日大）へのインコースは、ホームランがあるぞ」

なのに、インコースにストレートを投げて3ランを浴びた。関東5校目でかろうじて翌春センバツ甲子園に出られたから良かったものの、取り返しがつかない一発になるところだった。

2014年もそう。夏の神奈川県大会の東海大相模高戦。

「あのバッターはインコース低めしか打てない。いい当たりは左中間にしか飛ばない」

「ストレートを投げれば初球から打って来る。そのかわり変化球は絶対振らない」

メモ通りに投げないで、案の定打たれた。こちらからすれば「なぜ？」という思いになる。残念だ。

これまでの甲子園の成績は「偵察」なしには考えられない。

松坂時代に春夏連覇を成し遂げたときも、猛暑の中、毎日甲子園球場で偵察を続けた。宿舎に戻っても選手のスイングを見たりして、消灯までデータをまとめる時間はない。落ち着いてから書き始めて夜中の3時。それから寝て、6時起床。毎日そんな繰り返し。

それでも、あのPL学園高との延長17回を戦い抜き、明徳義塾高に大逆転サヨナラ勝ち、京都成章高にノーヒットノーランで優勝。

松坂にはこう予言した。

「初回先頭バッターの沢井をうまく抑えたら決勝ノーヒットノーランも夢じゃないぞ。そうしたら上カルビをたらふく食わせてやる！」

オレもあの年は54歳。選手以上に頑張った夏だった。

「野球の勉強」をしないと勝てない

みんな「勝ちたいです」「甲子園に行きたいです」と口では言う。だが、その割に野球を勉強していない人が多い。勝ちたいのなら、指導者も選手も勝つ方法を考えればいい。

現場を引退後、「教えに来てください」と言って来た高校を指導して歩いている。まず、各ポジションに選手を立たせてみただけでも、その野球部のレベルがよくわかる。守らせる位置さえわからない指導者がいる。

横浜高でも新入部員は、その状況に応じた守備位置をほとんどわかっていないから、まず練習をしっかり見学させた。いざグラウンドの中に入ったときに動けるようにさせておく。

オレが知っている中で、野球にくわしかったと思う指導者は、水戸商高や水城高（いずれも茨城）の監督を歴任した橋本実さん、東洋大姫路高（兵庫）の梅谷馨さん、広島商高の監督をしていて、今は如水館高（広島）で監督をしている迫田穆成さんあたり。常総学院高（茨城）の木内幸男監督の選手起用はオレと非常に似ている。

城北高（熊本）の末次敬典監督とは懇意にしているし、県立校でも北大津高（滋賀）の宮崎裕也監督は甲子園出場春夏6度。オレが思いつかなかった実に理にかなった戦法を持っている。

第5章

育成Ⅰ　バッテリー

スピード増、コントロール向上

いくらいい選手が入って来ても、育てないと勝てない。毎年いい選手が入っているのに勝てない高校が結構ある。

何らかの原因がある。例えば、監督が動くのが好きで策に溺れてしまうとか、エースを温存して負けてしまうとか。試合解説をさせると上手いが、いざ試合で采配を振るうと疑問符がつくとか。

●指導して1年間で球速5キロ増

素質あるピッチャーの球速は、順調なら1年間に5キロ伸びる。いや、指導して伸ばす。130キロで入って来たピッチャーは、高3夏には146〜147キロになる。ただし、これはオレの「ピッチャー・トレーニング10カ条」（P144）をやってこそ。ハンパなくきついけれども。

●コントロールは鍛えれば良くなる

コントロールの良し悪しは天性のものだと思われがちだ。

しかし、「針の穴を通すほどの絶妙なコントロールでアウトコース低めに放る」というのは難しくても、「ボール8個×6個の合計48個」も入るストライクゾーンに放るという程度のコントロールの良さだったらそんなに苦労はない。

要するに体の軸がブレないようにすればいい。腕がちゃんと耳の後方で三角形になってから、ヒジが出てくればいい。

軸がブレなくするにはやはり下半身を鍛えること。やはり「ピッチャー・トレーニング10カ条」をやれば、コントロールも定まっていく。

松坂の場合もコントロールはあまり良くなかっただけに、試行錯誤した。

高2夏の県大会で、シュート回転したボールがキャッチャーミットに当たってパスボール、試合に負けた。責任を感じたのか、ブルペンで500球も投げ続けた。肩が開くのが早かったのを、逆転の発想で「肩を一気に回転させて、もっと早く腕を振れ」と指示。劇的なコントロール開眼だった。

成瀬の場合は最初から絶妙なコントロールの持ち主だった。それでもホームベースの5角にボールを置いて、それを目標に当てる「平面式ストラックアウト」の遊び感覚でコントロールと集中力に磨きをかけたようだ。

地面に置いたボールに当てるのだから厳密な意味でのストライクではないが、「コントロールが良い」とは単にストライクを投げることではなく、「思ったところに投げ分ける」ことなのだ。

緩急の差をつける「意味」

●「ツーシーム」か「動く球」を覚える！

極端な話、150キロのストレートばかりなら目が慣れて、そのうち打てるようになる。要はタイミングをはずさなくてはならない。

ストレートのスピードやキレも大事だが、カーブとスライダー、できれば「落ちる球」が投げられたらいい。落ちる球は「ツーシーム系」（縫い目に2本の指をかける、落ちるシュート＝シンカー）が比較的覚えやすいか。

スライダーを投げるのは簡単だが、今はカーブを投げられないピッチャーが多い。投げられないと、すぐあきらめてしまう。根気強く練習すれば投げられるようになる。

スピードがなくても、何か打ちづらい球があるといい。メジャーリーガーでもボールを動かすとか、微妙に変化させるとか、そういう球を持っているピッチャーは、135キロも出なくても勝てたりする。１つ変化球があれば、その変化球の遅いバージョンを作るのもいい。

もっと言うなら、ストレートを含めたすべての球に緩急が必要だ。カーブは１１７～１０８、スライダーは１２２～１１４、ストレートは１３５～１２７（これはボール球でいい）。

それにはピッチャー本人がキャッチボールのときから、握りを変えたり、指のかけ方を変えたり、力の入れ方を変えたり、試行錯誤して自分のものにしていくことだ。選手がなかなか気づけないようなら、近くの指導者も一緒に見つけてやればいい。

●一番打たれるのは10キロ減の変化球

高校野球で一番打たれるパターンは、例えば１３０キロのストレートのピッチャーが、１２０キロくらいの変化球を投げること。10キロの差だとよほど鋭い変化をしないと打たれる。

ストレートに振り遅れているところに、少し遅いスライダーを投げたらちょうど打ち頃のボールになる。ストレートが１３０キロなら、スライダーは１１５キロとか１１０キロまで落とさないと効果がない。

ただし、１３０キロのストレートに１２０キロのフォークボールならば、腕の振りが同じなので有効だ。

プロになるための走る「ピッチャー・トレーニング」10カ条

ピッチャーは走る練習が多い。理由は、心臓を鍛えて心肺機能を強くするためだ。以下の10項目を毎日やる。

①グラウンド約400メートル×2周（800メートル）、プラス400メートル走5本。
②ホームベース→外野フェンス×5本。
③縄跳び。前回し走・後ろ回し走×グラウンド各1周。
④一塁側ベンチ→ライトフェンス×往復（95メートル×往復＝190メートル）を32秒台で。33秒台はやり直し。
⑤タイヤ押し。
⑥開閉開脚。

膝をそろえた低い姿勢から前方にジャンプ。大きく股を開き、腰を落とす。そのとき股間が地面から20～30センチが理想。股関節を柔らかくする。

⑦重い縄跳び。前回しと後ろ回し×各3分（手首の強化も兼ねる）。
⑧実際のピッチングの「6歩幅」で両足を交互に出す×往復30回。
⑨片方の手を使っての片足屈伸。
どこかに片手でつかまる。片足を伸ばして宙に浮かせ、反対側の足でスクワット×20本。
⑩股関節の柔軟性強化。
向かい合わせ2人組。1人がバットを持って手を伸ばし、高さ最高1メートル。もう1人は片足を上げ、バットに当たらないようにまたぐ。左右50回ずつ。


松坂もこのメニューを文句を言いながらもやって、球速はかなり上がった（高1～高2に6キロ、高2～高3に8キロ）。プロに行ける力のある選手は、こういう肉体的に追い込んでの練習が大事だ。

これ以外に練習終盤に「ペッパー」や「捕り切りノック」もやる。

（注／「ペッパー」＝トスバッティングだけでなく、守備練習やボールに対する俊敏性を鍛える練習を表す語としても用いられる。「ペッパー」には浴びせるという意味がある）

ただ、練習はポリシーを持ってやらないといけない。ほかの高校の練習を見たり聞いたりすると、新しいことをすぐに採り入れようとする監督がいる。

ある高校にプロ野球選手の息子が入学、父親として練習を見学するたびに、翌日から新しい練習が採り入れられるらしい。プロの練習を参考にするのはいいが、「自分がさせている指導なのに、何のポリシーもないのか」と、言いたくなる。

ピッチャーの「一塁ベースカバー」

ピッチャーは投げることが一番の役目だが、「フィールディング」「けん制」「クイック投法」は絶対に鍛えなくてはいけない「必須科目」だ。

プロや大学に進むピッチャーほどヒットを打たれることが少ないから、この3つがおろそかになりがちだ。だから逆にこの3つを徹底的にやって覚えておけば、上に進んでからピッチングに集中し専念できるし、自分やチームを助けられるということだ。

もっと言えば、ピッチャーとしての面白みも増す。だから松坂、成瀬、涌井といったプロにすぐ行けそうな選手には、この3つを徹底的に仕込んでいった。

まずフィールディング。

ピッチャーゴロの処理に始まって、一塁ゴロのベースカバー、バント処理など。すべて、試合で投げているときと同じような状況を作るため、全力に近いピッチングをして練習させる。ピッチングの6歩幅は、もちろん試合で投げるときと同じだ。

●ピッチャーゴロの処理

至近距離からノックを打って反応できるように練習する。ピッチング時に踏み出した足でマウンドの前が掘れることを想定して、スコップでマウンドの前に穴を掘っての練習もする。

●一塁ゴロのベースカバー

最初に簡単なことをやらせるのではなくて、一番難しいことをやらせる。

一塁ベース付近にボールを持ったファースト選手を置いて、ピッチャーは投球を終えたら一塁ベースに向かって走り、近くまで行ったらボールを受けるというもの。

ベースの位置を確認しながらファーストとの呼吸を合わせて捕球、捻挫をしないように「右足でベースの上」を踏む。繰り返すうちに「ベースをこのへんで踏む」感覚がつかめてきて、一連の動作でこなせるようになる。

【P148 図解③参照】

この送球は、あえて「捕りにくい球」「緩くない速い球」でやる。

できるようになったら、次の段階の練習に進む。

■足が「遅い」打者走者用に一塁ベースに「曲線」で入って行ってフェアグラウンドに走り抜ける形。

■足が「速い」打者走者用に一塁ベースに「直線」で入って行ってフェアグラウンドに走

図解❸ ピッチャーの一塁ゴロのベースカバー

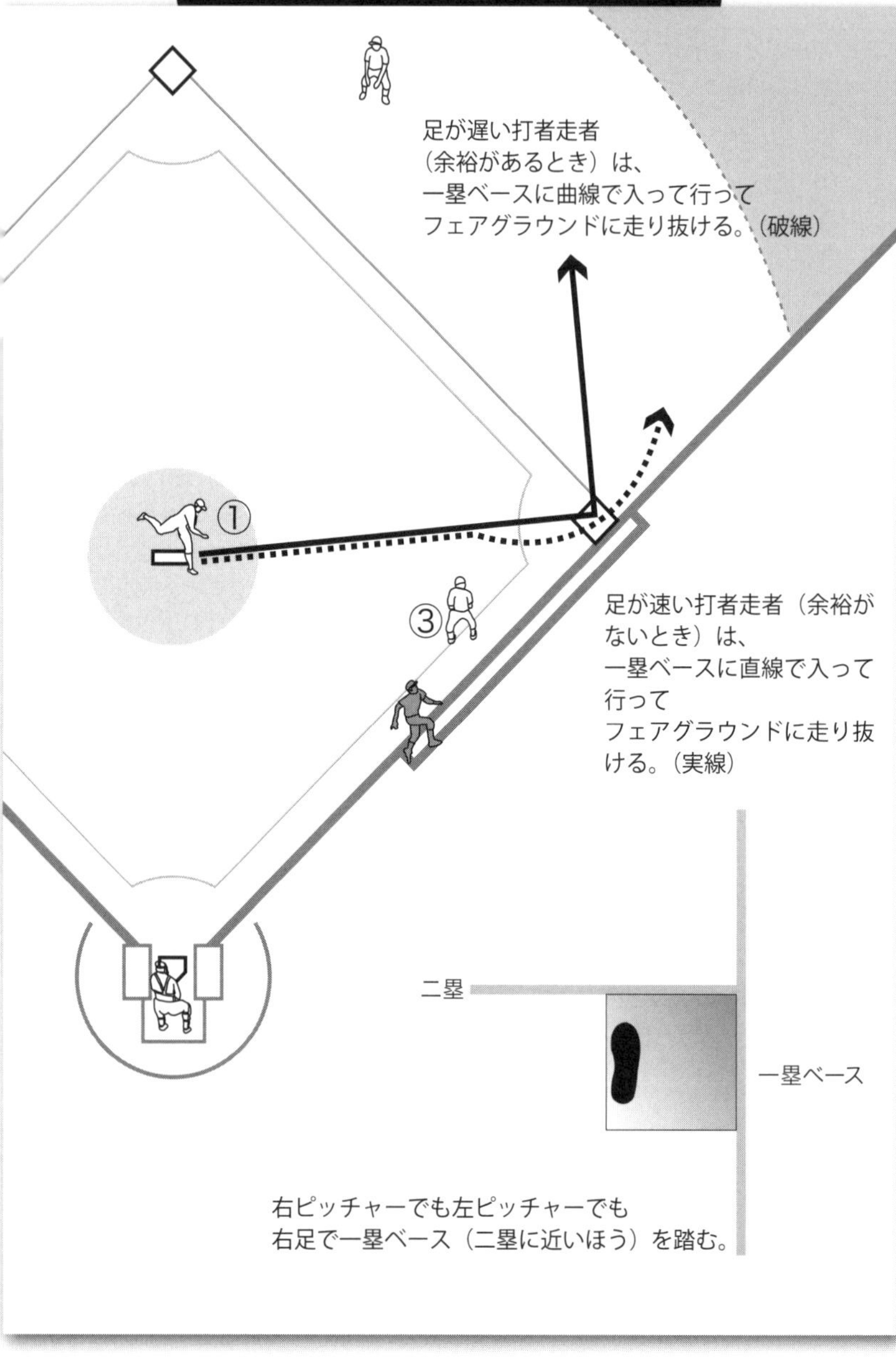
足が遅い打者走者
（余裕があるとき）は、
一塁ベースに曲線で入って行って
フェアグラウンドに走り抜ける。（破線）
①
③
足が速い打者走者（余裕が
ないとき）は、
一塁ベースに直線で入って
行って
フェアグラウンドに走り抜
ける。（実線）
二塁
一塁ベース
右ピッチャーでも左ピッチャーでも
右足で一塁ベース（二塁に近いほう）を踏む。

り抜ける形。

とにかくピッチャーの一塁ベースカバーは、頻繁にあるプレーだし、ここでアウトにできるか否かは大違い。だからといって、打者走者と接触して怪我をしたら大変だ。

ピッチャーの「上手いバント処理」のコツ

次にバント処理。

「フィールディングが上手いピッチャー」というのは単にファーストをアウトにするだけでなく、二塁封殺をできるということ。それには、ちゃんとした理由がある。

簡単に言えば、ピッチャーが自分でバント処理をしやすいところに打球を転がしてもらえるよう、ボールを投げればいい。そうすれば、早く打球のところに行けて、早く打球処理ができて、結果、二塁封殺もできるというわけなのだ。

●「真ん中低め」「アウトコース低め」は、バッターがバントしやすい

「低めの球」だと、バントをしたとき打球が早く地面に落ちる。早く落ちれば、打球のスピードも落ちて、ピッチャーのほうに到達する時間も遅れる。

打球が転がってからピッチャーのところへ0・5秒くらいで到達するものが、0・7秒かかったら、セカンドで間一髪アウトにできないということも起こりうる。

●「アウトコース高め」なら、フライになりやすい

「低め」よりも「高めの球」を投げて、なるべくピッチャー寄りにバントさせ、スピード処理すれば封殺できる可能性が高まる。

あとは打球処理を「遅い、もっと速く！」「ダメ、もう1回！」と繰り返し練習することだ。

●バッターがバントをしそうなときは、一番やりにくい「インコース高め」に投げる

「インコース高め」はバッティングと同じでバントにも「振り遅れ」がある。左バッターがインハイを投げられたら、バントをするのも打つのも難しいから三塁側へのバントになる可能性が高い。それをサードがうまく処理できれば、二塁封殺も見えてくる。

●バントの打球を追いかけるときは前かがみにならないこと

走るスピードが出ないし、頭が出れば後ろの足が流れてしまうから安定性もない。バランスも悪くて悪送球も出る。打球に向かってスピードに乗って走って行って、前かがみにならずに捕球して投げるのだ。

これらのバント処理が特に上手かったのが松坂と涌井だ。プロでゴールデングラブ賞を各7度と2度受賞。自分で考えて投げて、バントの強さ、コースを瞬時に判断してしまう。ランナーを見ないでも90％アウトにできるという確信を持ったときはすかさず二塁へ、そうでなければ一塁へ。松坂のバント処理は究極だった。

右投手も左投手も、けん制時の「右足」がポイント

けん制は、正しいやり方を教えれば誰でも上手くなっていく。正しいことをやらないから遅い。または上手くできないのだ。

●右ピッチャーの「軸足」

右足の返り（かかとが二塁方向に向くなど）が早いと、ランナーにバレる。左足が地面に着いたと同時に、右足かかとを上げて素早く回す。かかとを少し上げないとピッチャープレートに引っかかってしまう。

●左ピッチャーの「フリーフット」

成瀬にしても2014年の横浜高エースだった伊藤にしても、右足のつま先を一塁側に向けるような動作や、アゴを突き出させておいてから、ホームに投げさせた。

ランナー一塁でバント警戒のとき、けん制に見せかけランナーを一塁に釘づけにし、ホームに投げてバントさせ、二塁で封殺にするというのは結構あった。

また一塁ベースに右足を踏み出すとき、45度を超えていなければ問題ないだろうが、走者をだましたり惑わす行為がいけないという理由でボークを取られることもある。審判にそう判断されない範囲で巧くやることだ。

クイック投法は最初から右足に重心を

クイック投法は、早く打者に投げようと思うから、（右ピッチャーの場合）右足に体重をかけないで投げるピッチャーが多いが、体重が右足に乗らないと球に勢いがなく打たれてしまう。

だからといって、体重移動をしている時間はない。威力のある球を放るには、最初から右足に体重をかけて、そこから始動する。

左足はスパイクの刃が地面を離れるか離れないかくらいしか上げないで、素早く投球モーションに。とにかくタメを作り、無駄な動きを省き、体重移動して、威力ある球を放る。それがいいクイックだ。

今のプロ野球では、久保康友（ＤｅＮＡ）が一番速くて、ピッチャーの始動からキャッチャーの捕球まで1秒かからない。「こんなに早いぞ」と最初に相手に見せておくと、以降、相手の監督は盗塁やヒットエンドランのサインを出しにくくなる。

捕手

1にキャッチング、2に肩、3にリード

①キャッチング

読んで字のごとし、「捕手」は「捕り手」と書く。1試合100球は捕らなくてはならないのだから、まずはボールを捕れなくては務まらない。1試合に1〜2度でもパスボールしたら話にならない。

②肩

捕ってから素早く力強く、二塁や三塁へ投げられる肩（P128参照）。

③リード

リードはもちろん大事だが、ピッチャーが抜群に良ければ、そうそう打たれないだろう。高校野球はベンチからサインを出してカバーできる部分もある。

打者の「ステップや軸足」を観察、「狙い球」を洞察

キャッチャーがリードを上手くするためには「観察力」や「洞察力」が必要になる。打者の「ステップや軸足」を観察して、「狙い球」を洞察する。

フォークなどは捕るのに専念しなくてはならないが、例えば捕球がやさしいストレートやカーブなどのとき、打者のステップを観察する。カーブが来たのにステップが早いときは、明らかにストレート狙いだ。それくらい「見る目」を持ってリードする。

また、ピッチャーを観察する。体が開いていたり、肘が下がっていたら球がシュート回転する。アウトコースを狙った球が真ん中に入って、バッターに痛打される危険性が高まるから、ピッチャーに注意する。

野村克也さんではないけれど、バッターの反応を見ようと、オレも現役時代に結構ささやいたものだ。

「彼女にいいところ見せろよ!」

「1球目カーブ、2球目はストレートね。ホントだよ」

ピッチャーにも聞こえるように大声を出すこともあれば、バッターにだけささやくのと2通り。いつも使っていてはダメだから、ここぞという苦しい場面で使う。

さらに「バッターとの駆け引き」。バッターがピッチャーにタイミングが合うのか、ピッチャーがバッターに甘い球を投げてしまうのか。いずれにせよピッチャーを完全に信用してリードしてはいけない。疑いをかけてリードする。

ほかにも、バッターからすると3ボール1ストライクというのは見送ってもカウント3—2で三振はないから、好きな球でなければ打ちに来ない。

だが、3ボール2ストライクになると、今度は「フォアボールで出たい」という消極的なバッターはストライクが来ても振らなくなる。

そして3—1より3—2のほうがボール球を振る確率が高いところに加え、特に打ち気満々の選手は振ってくる。

そこを見抜いて投げれば両タイプとも三振を取れる。これがバッター心理であり、野球の面白いところ。このへんまで読めればいいリードができる。

「正解のない正解」を求めるのがリード

●リードの基本は対角線

キャッチャーのリードの基本は、対角線だ。「インコース高め」と「アウトコース低め」をうまく使うこと。

「偵察」の項でも書いたようにリードには「逆算型」と「積上型」（P129）があるが、要はピッチャー心理、バッター心理を読んで、それをうまく組み合わせてリードしていくということ。

2ボール0ストライク、3ボール1ストライクなど、ピッチャー不利のカウントで仕留めるには、見せ球、遊び球を入れ「エサ」をまいておいて、勝負していくことだ。

「打者の反応を見ていないから、初球に何を放るかは難しい」とよく言われる。だが逆に、初球は一番「ボール球」や「難しい球」が放れるカウントでもある。もっと言えば、探りを入れながら投げることもできるのだ。

初球が変化球のボール球で、1ボールからストレートを放るのが一番打たれるパターンなので注意。とはいえ、1ボール後に単純にカーブなどの変化球というリードにも疑問符がつく。ここが野球の難しいところでもある。

「1打席の中で1球はインコースの球を入れること」「長打を警戒するためにアウトコース高めのストライクは避けた方がいい」という考えもあるが、そのへんはバッターによって、またピッチャーによって、あるいは試合展開によって変わってくる。

カウントには12種類あって（0ボール0ストライク〜3ボール2ストライク）、さらにフォアボールを出してもいい場面と、フォアボールを出してはいけない場面があって、その中でピッチャーに投げさせていくので奥深い。

いずれにせよ、正解のない正解を求めていくのがリード。終わってみないと正解かどうかはわからないし、結果論ではない正解をサインとして出さなくてはいけないのだから、リードというのは難しい。

テレビで野村克也さんの解説を聞いていると、さすがに「いい答え」を出している。基本はあるが、バッター心理やピッチャー心理を組み合わせてうまい方向に持っていく。「リードは応用」なのだ。

バッター1人を4球で仕留めようとするのは無理。だいたい5〜6球と考えておくといい。初球から打ってくる選手、追い込まれる前に打ってくる選手もいるから、平均すると1イニング14球くらい。7回を投げて100球、9回だと130〜140球、少なければ120球で完投できる。

1イニング14球。慣れない高校生キャッチャーはストレート7球、スライダー4球、カーブ3球の割合になってしまうことが多い。また、同じ球種を2球続けると変えてしまう傾向がある。このあたりは注意しなくてはならない。

キャッチャー育成には時間もかかる。だが、最後の高3夏の大会までに一人前になれればいい。そこで理想的なリードができるよう、秋や春の大会では理想を描き、多少の失敗をしながらリードしていけばいいのだ。

現在、プロ野球界のキャッチャーを見ていて、「いいな」と感じるのは伊藤光（オリックス）だ。テレビで見ている限り、ピッチャーの持ち球、バッターの弱点から考えたリードをしている。

中学野球をよく見ている人から聞いた話だが、最近は、能力の高い選手はピッチャーやショートをやって、次にセカンドやサード、センターをやって、チームの中で6番目くらいの力の選手がキャッチャーをやるケースが多いそうだ。だから、いざこちらがいいキャッチャーを探そうと思ってもなかなかいない。

となると、高校ではどうしたらいいか。オレも昔はピッチャーやショートの選手をキャッチャーにコンバートして使ったこともあったが、今の時代は、中学時代からキャッチャーという選手が高校でもキャッチャーになるケースが多い。横浜高でも最近は他のポジションからキャッチャーに回すことはあまりない。キャッチャー不足の時代なのだ。

自分のサイン1つで試合を動かせるという観点からして、キャッチャーは野球を一番楽しめるポジションである。身体能力の高い選手、野球脳の高い選手がチャレンジすればプロに進める可能性も高い。だから、少年たちにはどんどんキャッチャーに挑戦して野球を楽しんでいってもらいたい。

キャッチャーが野手のポジショニングを決める

●球種ではなく、打者の特性で動かす

ほかにキャッチャーに求められるのは、野手に対する的確なポジショニングの指示。打球方向を予測し、ピッチャーに投げさせる前に、野手をいい「守備位置」に守らせることだ。

高校野球では、引っ張れない選手はとことん引っ張れないから、極端に守備位置を移動させても構わない。ピッチャーの球種によって動かすのではなくて、バッターの打球方向、特性で動かしていくのだ。

キャッチャーは「第二の監督」なのだから、責任感を持たせなくてはならない。監督が何でも1人でやるのではなくて、キャッチャーが責任を持って野手を動かしていく。そうできるように仕込んでいくのが指導者の仕事でもある。

横浜高のときは、おとなしいキャッチャーが多かった。キャッチャーが良ければ正直もっと勝てたときもあったかもしれない。

これまで中学生選手を見て来て「いいな」と思ったキャッチャーがなかなか獲れなかった。

たとえば、千葉北シニアにいた谷勇哉（千葉経済大付高→青学大→JR東日本）。おとなしくて声は出なかったが、打、肩、リード、ポジショニングの指示も良かった。

もともとオレはキャッチャーだし、もっと多くの本物のキャッチャーを育てたかった。

「キャッチャーの構え」で投手の球種がバレる

1998年のあのPL学園高との延長17回の試合のとき、小山良男が松坂の球を捕るとき、足の位置や構え方で球種が三塁コーチャーの平石洋介（元楽天）にバレたことがあった。

「コースがバレた」と世間では言われているが、もともとインコースとアウトコースはキャッチャーの構えでハッキリわかるものなので、真相は球種のほう。バレていたのはストレートか変化球かというところ。

小山はパスボールをしたくないために、変化球を捕るときに1度尻を上げてしまっていた。その昔、ドジャースで野茂英雄投手とバッテリーを組んでいたマイク・ピアザがフォークボールを投げさせるときに尻を1度上げてしまっていたのと同じ。

「狙え狙え！」（インコース）

「行け行け！」（アウトコース）

「絞れ絞れ！」（変化球）

平石がコーチャーズボックスから言葉で球種を教えていた。すぐ小山に気をつけるように言った。

「ストレート系」と、「スライダー・カーブ系」で構えが違うキャッチャーがいる。構えで球種がわかる。

●右ピッチャーのスライダー・カーブ系

あまりアウトコースに寄ると右バッターの外側に外れてしまうので、キャッチャーはそんなにアウトコースに寄らない。ストレートのときは、インコースでもアウトコースでも、しっかり各コースに構える。

●左ピッチャーが右バッターにカーブを投げるとき

キャッチャーがインコースに寄りすぎたらデッドボールになってしまうので、真ん中に構える。ストレートのときは、インコースでもアウトコースでも、しっかり各コースに構える。

右バッターのときに一塁コーチャーや三塁コーチャーがしきりに声を出せば、相手にこちらが球種がわかっていることがバレてしまうから、一塁コーチャー→ネクストバッター→ベンチの選手→三塁コーチャーという感じでグルグル回していけば、そんなにわからないものだ。

これはスパイ行為というのではなくて、相手のプレーを見抜くということだ。それも含めて野球。守るほうも見破られないように工夫すればいいことだと思うのだが、読者の皆さんの御意見はどうだろう。

いずれにせよ、キャッチャーの構えで球種がバレないよう、指導者はキャッチャーを育てていかなくてはならないということだ。

第6章

育成2　守備

ピッチャーになったつもりでキャッチボールを

キャッチボールのとき、(右ききの場合)自分の右側にボールが来ても左足を前にして捕る選手がいる。左足を前に出して捕ったら、右足をもう1度前に出して、さらに左足を前に出さないと投げられない。

だが、右足を前に出して捕ったら、そのまま左足を1度踏み出せば投げられる。そのようなフットワークを使って投げれば投げやすい。

それが理解できない選手は、ピッチャーをイメージすればいい。右ピッチャーは右足を前に出してピッチャープレートを踏む。そのまま90度右に向けばピッチャーになる。キャッチボールで相手の球が自分より右側に来たら、右足を前に出したまま捕って投げればピッチャーになる。「そのピッチャーのスタイルでキャッチボールをしなさいよ」と言いたい。

「右足前」だと、外野で高いバウンドのときも早く送球できて三塁で間一髪アウトにできる。長野久義(巨人)が右足を前に出して捕るのが上手い。

内野手のゴロ捕球では両足をそろえず多少左足を出して捕るようにする。捕球時はよく「下から見ろ」と言われるが、顔をあまり低くするのは良くない。グラブは下から。35〜

45度ぐらいの、縦すぎず、寝かせすぎない角度で出して捕りにいくのが良い。

重心は母指球にかける。走塁のときにシャッフルスタートをするように、守備でもシャッフル（右側の打球なら、右足つま先を早く打球方向に向けてスタート）で行くときと、クロスオーバー（右側の打球なら、左足を右足前にクロスしてスタート）で行くのを織り交ぜるといい。

9つのポジションの決め方

選手のポジションを決める適性は以下の通りだ。

●ピッチャー／高校で初めてピッチャーというのは難しい。だが、他のポジションは、中学時代にやっていたポジションがあっても、特性によって動かしていくことも多い。

●ショート／強肩、俊足、捕るのも上手い、機転も利いて頭も良いという一番良い選手。

●セカンド／ショートと同等の運動能力や頭があるが、肩が弱いのならセカンド。

●ファースト／ファーストとサードは、ツーアウト走者なしとか一塁のときに、自らライン際を狭めて長打を防ぐことに注意できればいい。ただ、バントシフトやけん制で、ファーストのほうが細かなプレーが多い。

●**サード**／ショートやセカンドはできないが、バッティングを生かしたい選手。バント前進守備や三遊間のゴロの処理で、ファーストより足の速さが求められる。

●**キャッチャー**／肩とバッティングがあって、頭や洞察力があればキャッチャーに持っていけば面白い。

これまでも何人か内野からキャッチャーにコンバートしたが、二塁送球のコントロールが抜群でキャッチャーとして成功した選手もいる。

●**外野手**／肩と足のある選手。もともとショートができるくらいの選手を外野に配置できると、チームは強くなる。

コンバートする理由

ノムさんが「選手の再生工場長」と言われるゆえんは「積極的なコンバートにより、選手の適材適所を探し出すこと」だと聞いたことがある。江夏豊（元南海ほか）の「先発↓抑え」しかり、飯田哲也（元ヤクルトほか）の「捕手↓外野手」しかり、だ。

高校野球の場合のコンバートは、最大限我慢はするが、これ以上このポジションで続けていても無理だなと思ったら実行する。内野から外野ということが多い。守備の負担を軽減してバッティングを生かすといえば確かにその通りだが、だいたいは守備でゴロを捕れないかスローイングが悪いかだ。

コンバートをした選手としては、小池正晃と下水流昂はゴロが捕れないので、大河原正人（東芝）は悪送球が多かったので、いずれもショートから外野に守備位置を動かした。ピッチャーで入ってきた選手を他のポジションへというのは結構ある。しかし、その逆で、野手をピッチャーへという例はあまりない。

強いて言えば、松井光介。中学時代にピッチャーもやっていたが、横浜高ではセンター。だが、丹波慎也というエースが急逝してしまい、ピッチャー不在のため、松井をピッチャーに戻した。その後、プロに行って、ピッチャーとして8年もメシを食ったのだから不思議なものだ。

逆に、コンバートをしていたらいい結果が出ただろうに、イヤがってコンバートを受け入れなかったために選手寿命が短くなった気がするのは紀田彰一（元横浜ほか。現ヤンキースカウト）。

バッティングがよかったから1年生からサードをやらせていたが、そのままだとプロに行けても長くはできないのではないかとオレは危惧した。

キャッチャーのポジションというのは、ある程度の力をつければプロで重宝される。「キャッチャーをやってみたらどうか」と勧めてみたが、実現しなかった。

まず正しい場所を守る

高校野球を勝ち抜く中で、一番必要なのはバッテリーを含めた守備力だ。野球というゲームは勝ちの場合、（コールド勝ちを除き）先攻でも後攻でも守備は必ず9回まである。だから勝つためには9回を守り抜ける守備力が必要となる。

守備でまず何をやるか。

「初めの一歩」はダイヤモンドの構図を頭に入れることだ。

オレが野球を教えに行った高校で、「まず守備位置についてみろ」と言うと、外野手がとんでもないところに立っていることが意外と多い。レフトがレフト線に寄っている高校もある。

三遊間の真ん中の後方がレフトの定位置だし、センターはマウンドと二塁ベースの延長戦上、一・二塁間の真ん中の後方がライト。

打球がどこへ一番飛ぶかといったら、センター中心に飛ぶ。だからレフトはレフト線寄りよりも左中間、ライトはライト線寄りより右中間を守るほうがいい。それが基本というものだ。基本がわからなければ応用もできない。

相手がバントしにくい守備隊形

高校野球の試合の中で、必ずと言っていいほど出てくるバントの守備隊形。うまく対処できるかどうか。相手に先取点を与えれば、試合の流れに大きく影響するので重要視すべきところだ。

●サードが三塁線寄りに、ファーストが一塁線寄りに守っていると、バッターからするとピッチャー周辺が広く見えてバントをやりやすくなる

●サードとファーストがピッチャー寄りに守ると、狭く感じてバントがやりにくくなる

●サードは、三塁線ギリギリにバントをやられたら一塁ベースや二塁ベースまでの距離が遠くアウトにしにくい

⑤サード、①ピッチャー、③ファーストは矢印のように動いて、バッターにプレッシャーをかける。中を締めて（投手と三塁線の中間くらいを守って）、二塁でアウトにできるバントを素早く捕って送球する。ただし、強いバントで三塁線、一塁線を抜かれないように注意する。

【P170　図解④参照】

図解❹ 相手がバントしにくい守備隊形

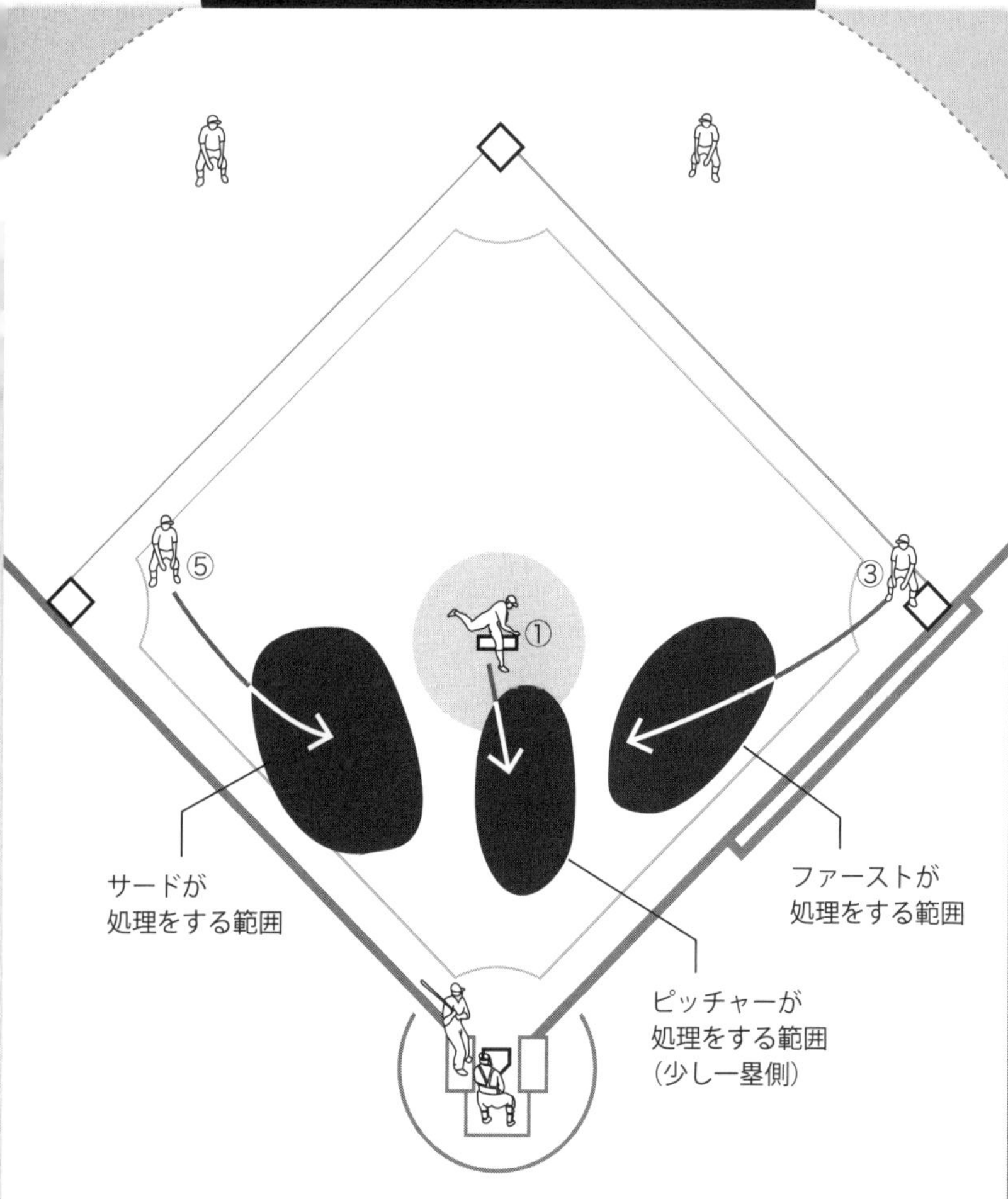

⑤サード、①ピッチャー、③ファーストは矢印のように動いて、
バッターにプレッシャーをかける。
（三塁線寄り、一塁線寄りにダッシュすると、ピッチャー周辺が広く見えるから。）
ただし、強いバントで三塁線、一塁線を抜かれないように注意する。

甲子園を見ていても、強いチームはしっかり中を締めている。相手打者の見える光景や心理も読んで、相手がイヤがることでプレッシャーをかけバントを成功しづらくしている。

●サードとファーストが同時にダッシュするのは1度だけ

初球の1ストライク目か、2球目の1ストライク目か、サードとファーストが同時にダッシュするのは1度だけ。「2人が同時にダッシュ」したら相手はバントをしてこなくなり、バスターに切り替えてくる可能性が高くなる。

同時にダッシュを2度使っていいのは「打てないバッター」「2番・8番・9番バッター」のように100%に近い確率でバントしてくる場合。

ピッチャーを含めて「3人で同時にダッシュ」する場合はなおさらで、100%バントの1度だけだ（2度目もたまにある）。

2度目をいくときはリスク（ヒッティング）を覚悟する。そのときはヒッティングされてもいいように、インコース高めや変化球を投げることも必要。

■バント処理はだいたいピッチャーとサードでやって、ファーストが前に出るのはときどきだ。

■2ストライク後はヒッティングの可能性が出るので、「バント処理はピッチャーだけ」が多くなる。

「ゴー・バック・けん制」「ゴー・バック・ホーム」

「ノーアウト一塁のバント守備」で、横浜高はこんなことをやっていた。

●「ゴー・バック・けん制」

ファーストが3〜4歩前に出てからベースに戻り、ピッチャーが一塁にけん制するもの。

●「ゴー・バック・ホーム」

ファーストが3〜4歩前に出てからベースに戻り、ピッチャーが投球するもの。

これを見よう見まねでやっている高校もあるが、本当の意味を理解していないと思う。オレが指導者をしているときにこれを明かしてしまうと使えなくなってしまうので黙っていたが、現場の最前線を退いたからには説明する。

要するにこんな意図がある。

■ランナーにいいスタートを切られないように。

■いいバントシフトを取りたい。

■バントシフトを突かれて盗塁されないように。

まず、「ゴー・バック・けん制」をするには、ファーストが早くスタートしなくてはいけない。そのままホームのほうにダッシュして行ったら、一塁ランナーは喜んで盗塁してしまう。そこに「けん制」を入れるのだ。

肝心なことを言うと、右ピッチャーだと投球モーションを盗まれてしまうから、この「ゴー・バック・けん制」「ゴー・バック・ホーム」の戦法は、なるべく左ピッチャーのときに使うほうがいい。どうしても右ピッチャーでやりたい場合はクイックというのが必須条件。

この2つを繰り返しやっていれば、一か八かで盗塁をされるときが来る。だからファーストのフェイントやテクニックも必要になってくる。「ゴー・バック・けん制」に見せかけてダッシュする。もしくは「ゴー・バック・ホーム」に見せかけてけん制するとか。

昔は「ノーアウト一塁」は何がなんでもバントで「ワンアウト二塁」にしていたが、今はそれが変わって少なくなって来ている。甲子園の試合を見ていても、ノーアウト一塁で強打のほうが多い時代になって来た。強打なら「ノーアウト一・二塁」というさらなるピンチ拡大もありうる。

だから守るほうも「ゴー・バック・けん制」をやって、ランナーを一塁に戻しておいて、バントを三塁側にやらせ、ピッチャーかサードが捕って、セカンドでアウトにする。

セカンドでアウトにできなくても、一塁側にバントをされても、「ワンアウト二塁」なら仕方ないという時代になって来た。

ワンアウト一・三塁の攻防

よく一・三塁の攻防について聞かれる。

攻撃側はスクイズ、盗塁、ダブルスチール、ヒットエンドラン、強打……。守備側はそれに応じて守るわけだから、難しい。

ただ、点差や打順といった状況によって攻めは何十通りもあるし、一概に答えようがないというのが本当のところだ。

●「ワンアウト一・三塁」から一塁ランナーが走ったときの守り

三塁ランナーがスタートする構えだけで走らないと思えば、キャッチャーからの送球をセカンドが二塁ベース手前でカットせずに、ショートがタッチして一塁ランナーをアウトにする。

そのときショートは、セカンドがカットするものだと思い込んでいると準備不足でエラーしてしまうことがあるから、100%ボールが来るものだと思っておくことだ。

セカンドのほうが三塁ランナーの動きが見やすくて本塁にも三塁にも投げやすいのだが、セカンドの肩が弱いチームなら、セカンドが二塁ベースに入って、ショートが二塁ベース手前で送球をカットしてもいい。

２０１４年の横浜高はセカンドの松崎健造ではなく、高浜祐仁にカットさせていたときもある。

●「1点リードの9回ワンアウト一・三塁」の守り

打順などにもよるが、９回で勝って終わらせたいなら前進守備のバックホームしかない。

１点やってもいいなら中間守備を取る。一塁ゴロと三塁ゴロならバックホーム、二塁ゴロと遊ゴロなら二遊間ゲッツー。

１点もやらない策を取ったばかりに２点取られて逆転されることもある。２点目を取られないためには、ファーストとサードがライン際を締めて少し深く守って、一塁ランナーのホームインを防げばいい。

●「1点リードの9回ワンアウト二・三塁」の守り

長打が出たら２人生還されて逆転される。

単打のときに、いかにして二塁ランナーの本塁生還を防ぐシフトをとるかだ。

単打のヒットコースはいくつあるか。

５コースだ。一塁線、一・二塁間、二遊間、三遊間、三塁線。

事前の打球方向のデータからシフトを取る。ライト方向に打球が多い打者なら、セカンドが一・二塁間を守って、ショートが二塁ランナーにけん制を入れてリードを少なくさせる。逆に、レフト方向に打球が多い打者ならば、ショートが三遊間を守って、セカンドが二塁ランナーのけん制を担当してリードを小さくしていく。

そうすれば外野手を極端に前に守らせなくても、好スタートでホームに還られることはない。ヒットを打たれても三塁ランナーだけの同点で済むのだ。

ピンチでは、センター前を絶対狭める

前述したように、ゴロのヒットには5コースある。一塁線、一・二塁間、二遊間、三遊間、三塁線（内野安打とバントヒットは除く）。

この中で、一番多いのは二遊間（センター前）のヒットだ。長年データを取って来た割合で言うと、一塁線と三塁線が1割、一・二塁間と三遊間が1～2割に対して、二遊間（センター前）は4～5割とダントツ。

逆に考えれば、守備側はセンター前を狭めればいいことになる。そこで、オレがよく使っている「困ったときのセンター前」という言葉が出てくるのだ。

センターを狭めて守っている代表的なセカンドは仁志敏久（元巨人ほか）だった。試合終盤になると二塁ベースの横あたりにいる。最近ではショートの今宮健太（ソフトバンク）がそう。守備範囲が広いからできることでもあるが、いい位置に守っている。石川雄洋も横浜高時代の教えもあって、センター前を狭めている。

なぜ終盤になるほどセンター前を狭めたほうがいいのか。

センター前に打球が飛ぶ確率が高いのも理由だが、センターは外野の中で一番深いからだ。だから、二塁にランナーがいるときなど、レフトやライトなら三塁で止まるランナーが、センターに抜けるとワンヒットでホームに還る。

もう1点もやれない場面での前進守備だと、レフトとライトは75メートルぐらいだが、センターは85メートルはある。だから、センター前に打球が行くのを防ぐため、なるべく二遊間は狭めておきたい。

「カットマンを目標にしてのノーバウンド返球」が一番良い

バックホームやバックサードのとき「カットマンを目標にしてのノーバウンド返球」が一番良い。

ワンバウンドやツーバウンドだと捕るほうのエラーも出るが、ノーバウンドならほぼエラーをしないからだ。またノーカットのほうが早くボールが到達するから。

しかし、ノーバウンドで投げるようになると、「高投」が出るので、プロでもカットマンに返球して、いいボールはノーカットにするのだ。

タッチアップの場面でホームに投げるときは、もう打者走者がアウトになっているのだから、塁上に他の走者がいなければノーバウンド送球でいい。もし高投になってそれても、進塁される心配がない。

1996年の松山商高（愛媛）対熊本工高の甲子園決勝、ライトからのあの「奇跡のバックホーム」はライトからノーバウンド返球だったが、大正解だ。他に走者はいなかった。しかし、他に走者がいるときは、カットマンは絶対必要。カットにはいくつか鉄則があって、外野手が右投げか左投げかで中継に入る位置が少し変わる。利き手によって、送球がどちらかにシュートしてそれる分を計算に入れる。

「偽投サード」が、チーム力をはかる目安

守備で「今年はいけるかも」と思える1つの目安が、「偽投サード」ができるか否か。偽投サードというのは、ランナー二塁のときに、三塁ゴロ（バントを含む）でサードが一塁に投げるふりをして、ショートが三塁に入ってタッチアウトにするプレー。

図解❺ 偽投サード

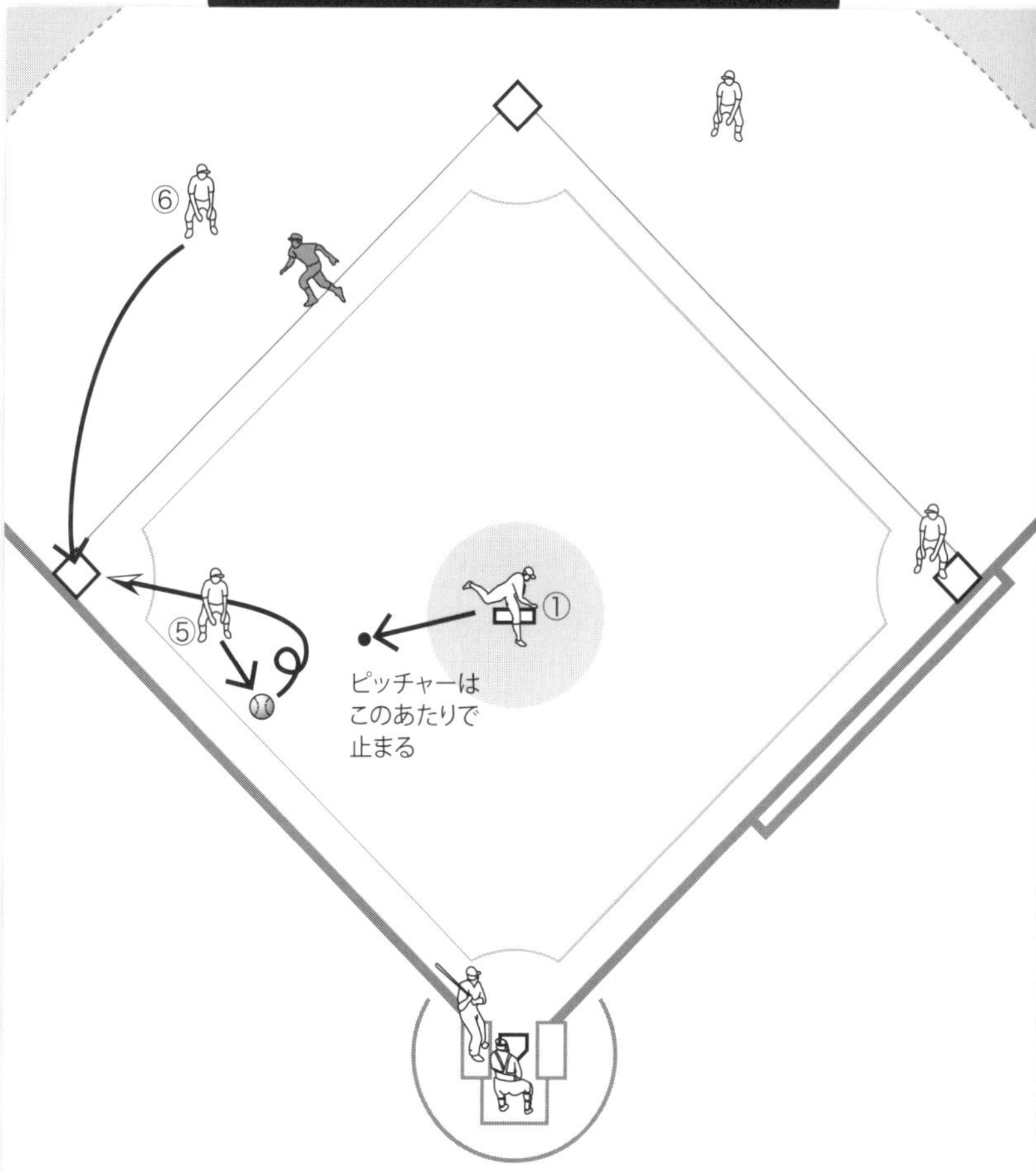

偽投サードというのは、ランナー二塁のときに、
三塁ゴロ（バントを含む）でサードが一塁に投げるふり（偽投）をして、
三塁ベースに入ったショートに送球してタッチアウトにするプレー。
ショートが入ることに意味がある。
ピッチャーがおとりで少し三塁方向に動く。

実はなかなかショートが三塁に入れない。ピッチャーが三塁に入ってしまうと、まる見えだから二塁ランナーは飛び出さない。だからショートが入ることに意味がある。ピッチャーがおとりで少し三塁方向に動く。

【P179 図解⑤参照】

ノーアウト一塁でバントの構えをされたとき。セカンドは一塁ベースカバーに入る前提があるのでどうしても一塁ベースに近いところにいる。

ファーストはバント処理で前にダッシュし、セカンドは一塁ベースカバーに入り、ショートが二塁ベースに入る「5↓6↓4」。

バントだと思ってショートが二塁ベースに入るのが早すぎて、三遊間が空き、そこを狙われてバスターをされることもあるから、それも頭に入れた上でショートが逆の動きで二塁ベースに入る。

【P181 図解⑥参照】

また、ファーストは一塁ベースに戻って、セカンドが二塁ベースに入る通常の「5↓4↓3」。この2つをうまく使い分けられるかが鍵だ。

さらにノーアウトまたはワンアウトでランナー一・二塁の場面。「6↓4↓3」のゲッツーのとき、3が間に合わないと思ったら、二塁ランナーが三塁をオーバーランしたところに、セカンドがサードに送球してタッチアウトする「6↓4↓5」に切り換えるとか。このへんが普通にできるようになると、勝てる確率がさらに高くなるわけだ。

【P183 図解⑦参照】

図解❻ ノーアウト一塁でのダブルプレー

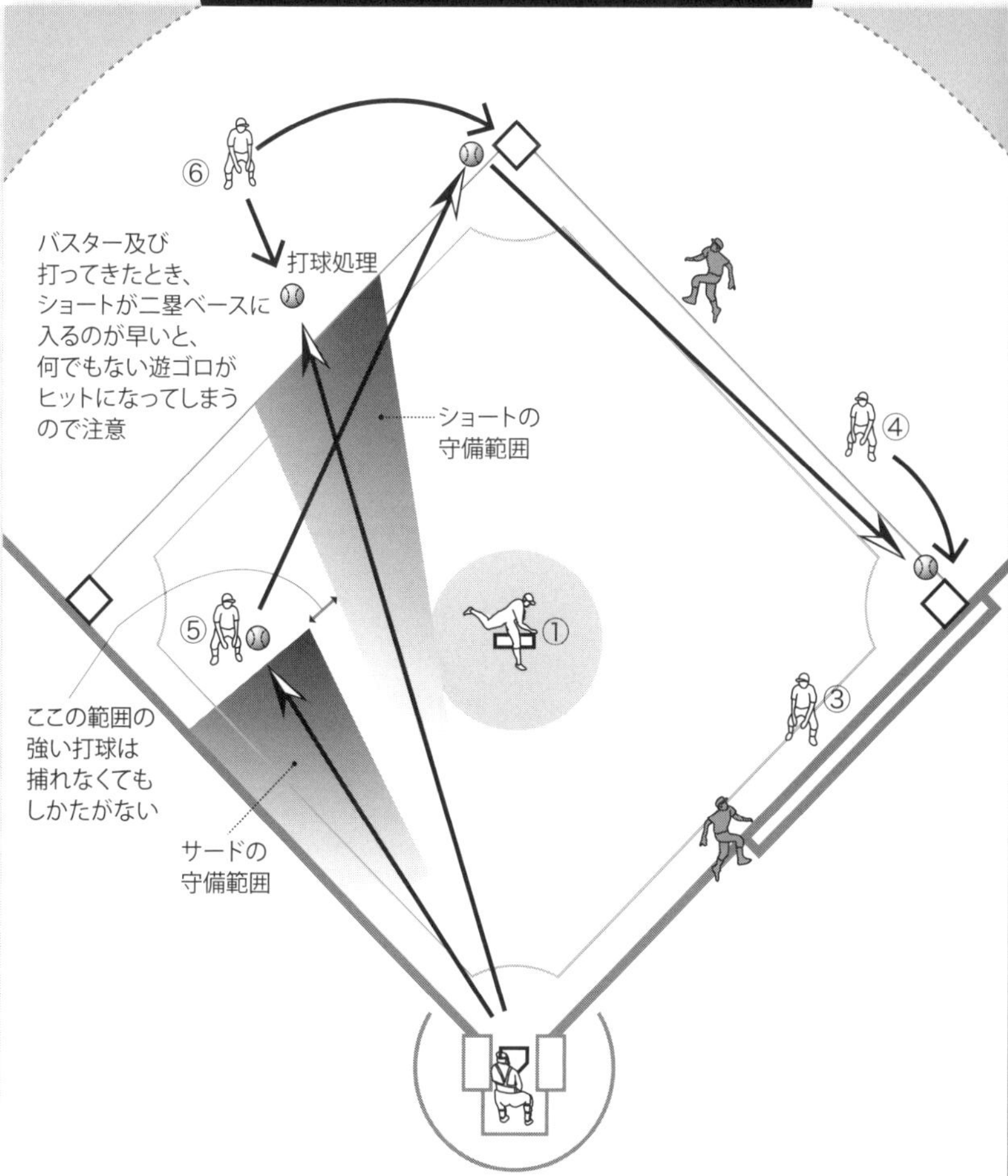
⑥
バスター及び
打ってきたとき、
ショートが二塁ベースに
入るのが早いと、
何でもない遊ゴロが
ヒットになってしまう
ので注意
打球処理
ショートの
守備範囲
④
⑤
①
③
ここの範囲の
強い打球は
捕れなくても
しかたがない
サードの
守備範囲

ノーアウト一塁でバントの構えをされたとき。
セカンドはどうしても一塁ベースに近い。
ファーストはバント処理で前にダッシュし、セカンドは一塁ベースカバーに入り、
ショートが二塁ベースに入る「5→6→4」。
バントだと思ってショートが二塁ベースに入るのが早すぎて、三遊間が空き、
そこを狙われてバスターをされることもあるから、
それも頭に入れた上でショートが逆の動きで二塁ベースに入る。

こういう練習は相当やらないと身につかない。だが、このへんのプレーが6月ぐらいまでに普通にできてくると、ひょっとしたら勝ち進めるかなという予感がしてくるのだ。

ピックオフプレーで多いのは、ランナー一・二塁か満塁のときに「1→3」というファーストが後ろから入ってきてアウトにするというもの。2014年のセンバツ甲子園で優勝した龍谷大平安高（京都）の右ピッチャー中田竜次（龍谷大）は、そのけん制が実に上手かった。

ランナー二・三塁か満塁で、「1→5→6」で二塁ランナーを刺すというものもある。

キャッチャーのサインを見破られたとき

キャッチャーからのサインを見破られてしまったときのために他の方法を考えておく。キャッチャーミットでサインを出す場合、こうやって構えたらストレート、こうならスライダー、こっちに手を置いたらシュートというやり方もある。

また、右ピッチャーならサード、左ピッチャーならファーストが、体の部位を1スライダー、2ストレート、3シュート、4カーブなどと決めておく。

図解❼ オーバーランした三塁ランナーを刺す

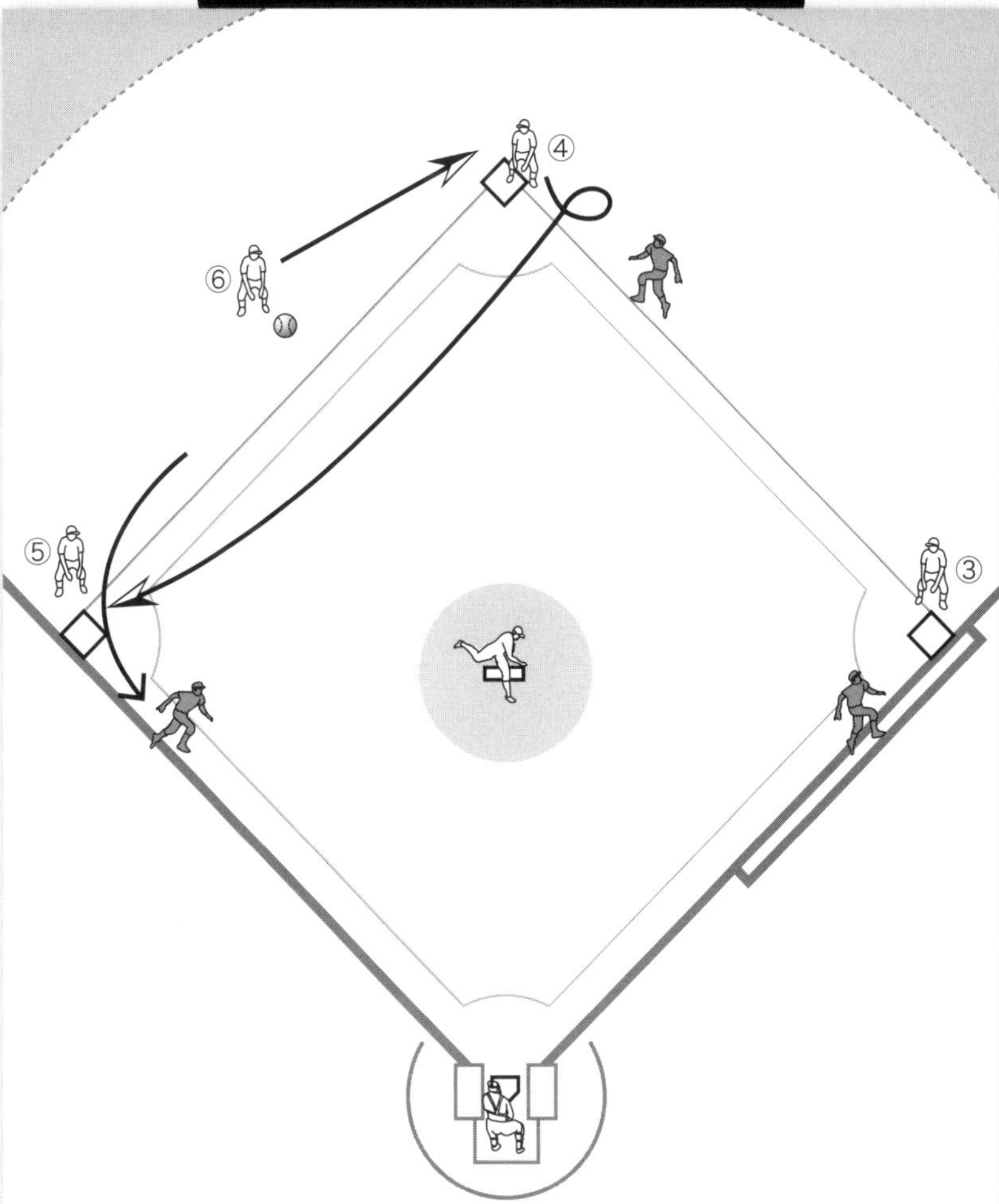

ノーアウトまたはワンアウトでランナー一・二塁の場面。
「6→4→3」（ショート→セカンド→ファースト）のゲッツーのとき、
3が間に合わないと思ったら、二塁ランナーが三塁をオーバーランしたところに、
セカンドがサードに送球してタッチアウトする「6→4→5」に切り換える。

キャッチャーのサインは「1ストレート」が多いから、サインを見破られて変更する場合は、「1カーブ」などと変更すべきだ。

試合前の7分間ノック

①1分間でボール回し
②内野ゴロの一塁送球が2本
③内野ゴロの二遊間ゲッツーが2本
④内野ゴロの三塁送球が1本
・その間に、キャッチャーの一塁送球、二塁送球、三塁送球。
・別のノッカーで1カ所ノックをしていた外野手が、ここで合流。
⑤外野手のバックセカンドが1本、バックサードが2本、バックホームが2本
⑥内野手のバックホームが1本

最近は各チームとも工夫してやっている。横浜高もオーソドックスだ。

ノックは、秋と春はベンチ入りが25人だから、ノックに入らずにボール渡しをする選手が5~6人。夏はベンチ入り20人なので全員入る。コーチャーは最近専門職になっているので、ノックに入らないこともある。

甲子園ファンを驚愕させた「二人殺し」

オレの頭の中では、選手が駒のように動いている。

「守備側からしたら、どうすれば4つ目の塁を踏ませないで、3つ目のアウトを取れるか」

あわよくば1度のプレーで2つのアウトを取れればそれにこしたことはない。だから、練習の中でも、年に1度あるかないかのプレーも毎日練習させて来た。

その1つが、「二人殺し」だ。

「ノーアウトかワンアウトでランナー二塁」の場面、二塁ランナーと打者走者を両方アウトにする挟殺プレー。

2006年センバツ甲子園2回戦、八重山商工高戦（沖縄）で決めたことで一躍有名になった。

8回裏ワンアウト二塁のピンチ。相手バッターの奥平は、ピッチャー返し。強いゴロの打球を、横浜高2年生ピッチャーの浦川綾人が好捕。

二塁ランナーの大嶺祐太（ロッテ）が飛び出し、二・三塁間に挟んだ。その挟まれている状況を見て、打者走者の奥平が一塁ベースを蹴って二塁へ向かう。

「1」浦川が打球を処理し→三塁ベース側の「5」古城知明に→二塁ベース側の「6」高浜卓也（ロッテ）に→三塁ベース側の「1」浦川に→ここでボールを持っていた「1」浦川が、二塁ベースに入った「4」白井史弥（JX—ENEOS）に送球して打者走者の奥平をまずタッチアウト。［三塁ベースに「2」福田永将（中日）がフォローに入ったが、］二・三塁間であきらめた二塁ランナーの大嶺を再び「4」白井がタッチして完成。

見ていた人はきっと思ったに違いない。

「何をモタモタしているんだ。もっと早く二塁ランナーをアウトにできるだろう」

「投げるのが早い。もっとランナーを追い込め！」

だが、そうではない。

最低でも二塁ランナーをアウトにして、打者走者を一塁で止めればいい。

だから、打者走者が欲張って二塁に走って行ってこそ、「二人殺し」の準備を始める。

もし一回しでアウトにしてしまったら打者走者は二塁まで走って来ないから、1回余分に回して一生懸命二塁ランナーを挟んでいるふりをして、打者走者をまんまとおびき出す

作戦。あれは日頃から綿密に練習している通りなのだ。【P189 図解⑧参照】

●この挟殺プレーにはいくつかの鉄則がある

■三塁ベースと二塁ベースの真ん中地点でやってはいけない。二塁ベース寄り、もっと細かく言えば二塁ベースと、二塁ベースから約12~13メートル以内で回していくこと（塁間は27・4メートル）。

■ランナーを挟む幅は、あまり短いと忙しくなってしまうので、約9メートルが望ましい。

■三塁方向に追うより、二塁方向に追う時間を長くする。この2つを守れば、打者走者も一・二塁間で様子を見ているので二進しづらい。二人殺しのチャンスが生まれる。

■「追い手」が投げたあと、そのまま「受け手」側の後ろに「フォロー」に入る。「受け手」は1人でも、「追い手」側は最初必ず2人いるのが条件だ（タッチできないとき逃げられてしまうから）。

野球を教えに行くと、よく言われる。

「あれ、教えてくださいよ、1度に二人を挟殺するプレーを」

「お前がここで、お前はこっちで止まっていろ、ここで出てきたらこっちに投げて」

そうは言っても一朝一夕にできるものではないし、送球するタイミングを教えるのはなかなか難しい。だから反復練習が必要なのだ。

図解❽ 挟殺プレーの二人殺し

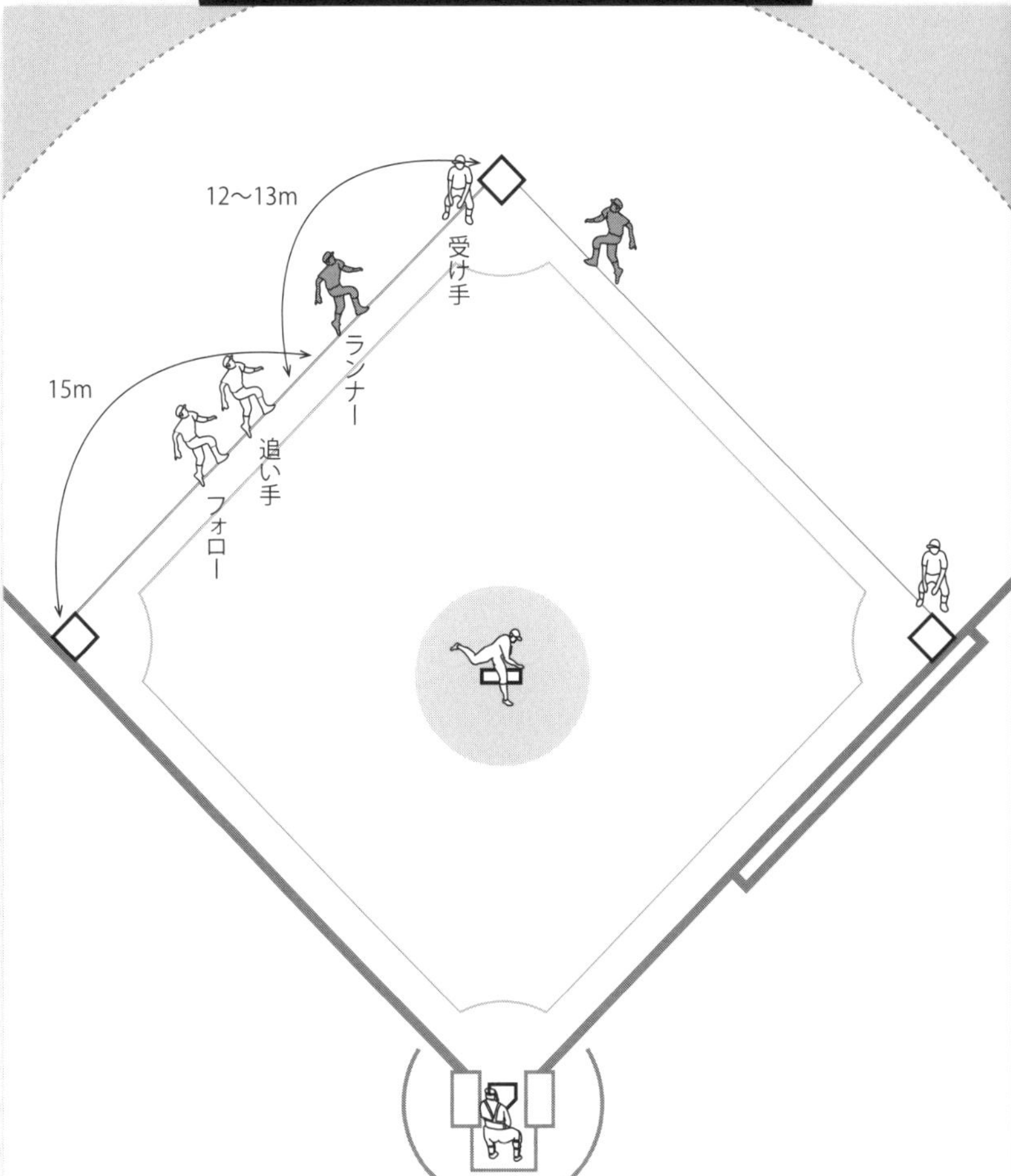

二塁ベースと三遊間の真ん中くらい、二塁ベースから約 12 メートルのところで回す。
三塁方向に追うより、二塁方向に追う時間を長くする。
「追い手」が投げたあと、そのまま「受け手」側の後ろに「フォロー」に入る。

第7章

育成3　打撃

プロは「引きつけて」、高校野球は「前で」打つ

「野球は守りから」とは言うが、一方で点を取らなくては試合に勝てない。打つ、走る、盗む、けん制する、揺さぶる。いろんなことをして点を取りに行く。

まずは「打つ」ところから書いていく。

選手の最初の打つ構えに関しては「こうしろ」という強要もしないが、バットを持つグリップの位置があまり高すぎたり低すぎたり、深すぎたり浅すぎたり、というのは良くない。坂本勇人（巨人）の構えでは、かなり高すぎる気がする。高校生にはふさわしくない。

●「スイングがダメになる」バックスイング3要素

■バットのヘッドが投手側に入りすぎ。

■右肘が上がりすぎる（＝右バッターの場合。左バッターは左肘）。

■右肘が背中の方に入って行く。左肩がホームベースに入りすぎ（＝右バッターの場合。左バッターは左肘と右肩）。

3つがそろうとバックスイングが大きくなって振り遅れて打てない。全くバックスイン

グがないと、動けないしタイミングも取れない。タメがなくパンチがきかないから、ヘッドが入りすぎないように頭の上くらいまで入れて、反動を利用して打つといい。弓矢のようにグーンと引き、力をためてドーンと打つ。

金本知憲（元阪神ほか）は、年をとってから打つ直前にヘッドが入りすぎてしまって振り遅れにつながっていたように思う。

往年の篠塚和典（元巨人）は、大きなバックスイングを取らなくてもコンパクトにヒットを打つ実にいいバッターだった。

フォーム的に率が残せるバッターといったら、私が教えてきた中では多村仁がいい。最近では、2014年にブレイクした山田哲人（ヤクルト）。タイミングの取り方が上手くて、いいスイングをしている。「歴代右打者シーズン最多安打」はまぐれではなく、今後もヒットを量産できると思う。

プロでは「球を引きつけて打て」と言われるが、高校生がマネをしたら困る。高校生の場合、ポイントは前。なぜか。それはまだヘッドスピードがないから。

高校生はプロの選手に比べたら振る力がないので、引きつけて打ったら詰まってしまう。ボクシングでジャブを打つのとストレートを打つのを想像してみればいいことで、パンチ力をつけるには、少し前で打たないといけないのだ。

高校野球はレベルスイング

プロ野球では、ウイニングショットの落ちる球を拾おうという意図があるし、ホームランも狙うからアッパースイングが多いが、高校野球の場合はレベルスイングで打たないとダメ。だが、最初に構えているバットのグリップの位置はストライクゾーンより高いから、スイングの入りはダウンで、そこからレベル。「ダウン→レベル」だ。

当然、最初は右手が高い（右バッターの場合＝以下同）。でもだんだんボールに近づくにつれて今度は左手が高くなって右手が低くなる。そうなってきたときにバットのヘッドが少し下がり、そのとき勾配をつけすぎてはいけない。

「グリップよりヘッドが下がる」のがレベルスイング。体の構造上、打ちにいったら「左肩が一番高くて、次は右肩→左手→右手→グリップ」と下がってバットが出て来る。見た目はアッパーに見えるが、レベルスイングだ。

「インサイドアウト」で逆方向に強い打球を打つ

バッティングというのは、真ん中よりアウトコースを打つと、グリップとバットのヘッドが平行になりやすく、センター前やピッチャーゴロが多くなる。

グリップよりヘッドが先行すれば（右バッターの場合）三塁ゴロや遊ゴロになり、逆にグリップが先行してヘッドが遅れれば、ピッチャーよりも右方向に打球が飛ぶ。

だから右方向に打ちたい場合は、「自分で思っている以上にグリップを先に出しなさい」と指導する。

グリップを先に出してヘッドを遅らせる。つまり「インサイドアウト」。いわゆるゴルフ用語の「ハンドファースト」。野球とゴルフのスイングは共通点がたくさんある。

好打者とは、バットに角度をつけて、バットを内側から出す。好打者になればなるほどバットに角度がつけられる。内川聖一（ソフトバンク）は7年連続打率3割だ。

アウトコースの球に、グリップを先に出してヘッドを遅らせて打てるバッターが、プロだと3割、高校野球で4割打てる。

そのときの注意点として、（右バッターは）右手が下がってしまうこと。そうすると球がバットの上っ面に当たってファウルやフライになる。

左バッターの代表的な選手といえば通算3085安打を打った張本勲さん（元ロッテほか）。ランナーが一塁にいれば、ファーストが一塁ベースに張りつくため一・二塁間は大きくあく。そこにピッチャーがインコースを放れば、引っ張ってライトにヒットが打てた。

今はそういう場面で左バッターにインコースなど投げてこない。アウトコースに来た球を左中間に強く打てるのがいい左バッターだ。最近では大谷翔平（日本ハム）が抜群だ。

ランナー一塁で右バッターの場合、ゲッツーを取ろうとセカンドは二塁ベース付近を守る。あいている一・二塁間を抜くバッティングをマスターすれば、勝つチームになっていく。

右バッターはインコースいっぱいより多少甘い球が一番右側に打ちやすい。見本は宮本慎也（元ヤクルト）と井端弘和（巨人）だ。

右バッターも左バッターも、インサイドアウトで逆方向に強い打球を打つのが大事。

インコース打ち、アウトコース打ちの「右足首」

●右バッターがインコースを打つときは、体が回転するように右足首を回す

●右バッターがアウトコースを打つときは、右足首を回さない

軸足（右足）の親指に力を入れて、かかとだけ上げてこらえる。

要するに、アウトコース打ちはゴルフで言うところの「ベタ足」。変化球に対しても同じ。右足首が早く回ると、つられて体も早く回ってしまう。最後の「おつり」がなくなってしまう。我慢して親指で残っていると体が回っても、最後のひと踏ん張りができるのだ。

●変化球は体勢やタイミングを崩されて当たり前。どれだけ拾えるか

オレはたいしたバッターではなかったが、現役を引退して50年近くたってもいまだに右足親指のタコが消えずに残っている。大きいのを打つバッターではなかったが、足首は回さずアウトコース打ちや変化球打ちは上手かった。ただ、この打ち方だとレフトに大きな打球は打てない。

　レフトに大きいのを打ちたければ足首を回せばいいし、アウトコースや変化球をそつなく打ちたいなら、この粘りの打ち方だ。

「変化球を食える」選手が伸びる理由

●変化球に「対応できるか」ではなく、打ちにいく「積極性」

　たとえば、2ストライクまで変化球を振らない子は、やはり変化球に弱い。

　1試合4打席中2打席はなんらかのサインや縛りがあるものだ。ストレートだけ気持ちよく打っていてもいけない。「食わず嫌い」にならないで、失敗が許される練習試合で積極的に「打撃練習」しなくては、本番の公式戦で突然打てるわけがない。

どうして変化球を振らないとダメか。それはピッチャーというのはツーアウトランナーなしになると楽をして抑えたい本能があって、変化球で簡単にストライクを取ろうとする傾向がある。打者の肩口から入ってくる「ハンガーカーブ」を不用意に投げたりする。

それを打てると長打になる。ツーアウトランナーなしから二塁打が出ると、そこから簡単に2点くらい入ったりして、勝ちにつながることもある。だから変化球を打たないといけない。逆に打てれば得点力が高くなる。

打っていけばマグレがあるわけで、自信になって打てるようになる。松坂の言葉ではないが、「自信が確信に変わっていく」のだ。だからこそ食わず嫌いにならず、変化球を食っていけるかが重要である。

変化球をどうやって打つのか

変化球全盛の時代、変化球をいかにして打つかは大きなテーマだ。

だが、日頃からいろんな球種を打つ練習をするかと言えば、そうでもない。カーブとスライダーを打つ練習はやっても、チェンジアップやフォークを打つ練習は週に1、2度しかやらない。やる時間がない。

対戦相手が決まって、相手投手にその落ちる球種があるときに練習させるだけ。偵察ができれば「半分以上はボールだから手を出すな」とか、「膝より低い球をいくら頑張っても打てないんだから振るな」とか指示をしながらだ。

●カーブとスライダーを打つ練習は毎日やる

マシンを「ストレートかカーブ」「ストレートかスライダー」「カーブかスライダー」がランダムに出るように設定し、まずは球の軌道に慣れていく。

そして練習試合、「ストレートのタイミングで待ちながら、頭の中にカーブとスライダーの2種類を置く。二段構えをしろ」と指示。「インコースのカーブとスライダーは見逃さないで打って行け」と積極的に打たせていく。

要するにストレートを待っていても、甘いカーブとスライダーは打てなくてはいけない。言ってもやらない選手もいるが、これを意識してやれば、30試合、40試合、50試合と重ねていくうちに、カーブとスライダーを打てるようになっていく。

●2ストライクに追い込まれたときのボールの待ち方

１４０キロを超えるストレートは投球モーションのうちにバックスイングを始めないと間に合わないが、１３５キロくらいなら球に合わせてスイングを始めても十分間に合うものだ。

高校生の場合は、インコース高めの速いストレートに照準を合わせておいて、アウトコースの緩いカーブが来たら、後ろの足首を回さないで、おっつけて打つのがいい。もしインコースが来たら「ドアスイングでいいからファウルで逃げろ。アウトコースにヤマを張った場合は、インコースをきれいに打とうとするな」と指示する。

プロの３割打者は、変化球を待ちながらストレートでもヒットにするが、そんな技術を持つ高校生はいない。やはり速い球に振り遅れないようにタイミングを合わせておく中で、最終的に変化球や緩い球をどう拾っていくかというのが基本の考え。「ファウルにすればやり直しがきく」と教えている。

ハンガーカーブを反対方向に打って「フォーム作り」

下半身がドッシリしている選手は変化球を打てるが、下半身が弱い選手は簡単に変化球に泳がされる。

打ち方自体にも関係ある。前述したが、右バッターで言うと、右の足首が早く回転してしまう選手はカーブを打てない。ゴルフで言う「ベタ足」で打たないと、体が回ってバットも回ってしまう。最後の悪あがきではないが、粘りが欲しいのだ。

大事なのは、粘って左の肩を開かないこと。高校に入ってきたとき、肩口からのハンガーカーブで自分の打撃フォームを作らせる。バットを内側から出してカーブをセカンド方面に打たせる。それでみんな良くなっていく。

これは中学時代に指導者が教えれば簡単に打撃が伸びていく。それを教えられない指導者が中学でも高校でも多い。

石川雄洋は最初全然良くなかったが、高3になってようやく打てるようになった。

あのPL学園高との延長17回の試合で、決勝ホームランを打った左バッターの常盤良太も、バットを持つ手首をコネてばかりですごく時間がかかった。一塁側にファウルばかり打つ選手だったが、最後の夏は、大事な局面でスライダー系の球をあの通り値千金の2ラン。正しいやり方で練習すれば打てるようになる。

高校時代に対戦した現プロ選手で言うと、村田修一（福岡・東福岡高→巨人ほか）はカーブを打つのが上手かった。大西宏明（大阪・PL学園高→元近鉄ほか）も変化球を打つのが上手かった。

犠飛とバスターのコツ

●犠牲フライを打つコツ

三塁にランナーがいて1点が欲しいとき、犠牲フライを打とうとして高めの球を振ると空振りか内野フライになってしまいがちだ。

最初から高めのストライクゾーンを1つ下げておくことをすすめる。低めの球を外野フライにするのは難しいから、逆に低めのストライクゾーンは1つ上げる。

打ち上げるイメージではなく、叩こうというイメージで打つ。高めは思っている以上に叩く。低めはボールの下にバットを入れて叩く（アッパーではなく）。

これによって遠くに飛ばしやすいし、もしゴロになって三塁ランナーがホームでアウトになっても、まだ打者走者が残るから次につながる。

●バスターのコツ

バスターとは、最初バントの構えをしておいて、バットを引きヒッティングに転じる打ち方だ。

1度バットを後ろに引くとき、バックスイングが大きくなりすぎないように注意する。

バットの先がキャッチャーマスク上部を突くくらいのイメージ。右バッターならバントの構えの右手を、バットのグリップを握る左手の上に早く戻し、打つ態勢を早くとる。「転がそう」とダウンスイングを意識しすぎると、結果的に球の下側をカット気味に打ってフライになってしまう。コツは球の上を普通に打てばいい。

普通というのは、高めの球はダウンスイングで、低めの球はレベルスイング。真ん中の高さの遠めの球は、グリップとバットのヘッドが平行にならないようにバットを出す。インコースに来たら三遊間に打つ。アウトコースに来たら自分で思っている以上にグリップを先に出してバットのヘッドを残してやれば一・二塁間に飛ぶ。

打球がセンター方向だと、走った一塁ランナーに合わせてショートが入ってゲッツーになる危険性もあるから、センターラインをはずして打つ。

「打たないエンドラン」とは？

ノーアウトかワンアウト一塁の状況で、一塁ランナーが盗塁のスタートを切ったときバッターはどうすべきか。

●スタートが良いときは（盗塁できるので）打たない

アウトコース高めストレート系の球だと、キャッチャーが二塁に投げやすく一塁ランナーが好スタートでもアウトにされる危険性がある。場合によってはバットを出さなくてはならない（ファウルでいい）。

●スタートが悪いときは（アウトにならないように）打つ

右バッターからは一塁ランナーの動きも十分見える。

左バッターは角度的になかなか難しいので、ランナーのスタートが悪いときだけ、ネクストバッターが「打て！」と声を出すと決めておけばいい。

この訓練を2～3カ月とやっていると慣れていって、「打つ」「打たない」の状況判断ができてくる。

しかし、これらにも以下に述べる2つの条件がある。

①ノーアウト一塁の場合は、1ストライク後、「待て」

2ストライクに追い込まれてしまうが、二盗に成功すれば、残りのストライク1球で送りバントなり進塁打なりで「ワンアウト三塁」の状況に持って行ける（ヒットでなくても犠牲フライなどで点を取れる）。好打者ならこれができるし、これができればチームは強くなる。

②ワンアウト一塁の場合は、1ストライク後、好スタートでも「打て」

ワンアウトの場合は、いくら二塁盗塁してもそのあとヒットを打たないと点が入らない。いいスタートを切っているのだから、打てば「いいエンドラン」になって、ヒットなら「ワンアウト一・三塁」になる可能性が高い。

バントのコツ

バントは高校野球では必須だ。甲子園の準々決勝、準決勝くらいになれば4番だろうと横浜高ではバントをさせる。

筒香、浅間、高浜であってもバントの練習はさせてきた。春夏連覇をしたあの1998年夏の準決勝の明徳義塾戦、4番の松坂が簡単に送りバントを決めたのも日頃の練習の成果だ。

バントで最悪なのは、

●フライになってランナーが戻れず、ゲッツーになること

●バットに当てられず三振をして、ランナーが刺されて三振ゲッツーになること

フライを上げないコツは、高めでも低めでも、球の上の部分にバットに当てるようにすること。

送りバントの場合は、目はバットの後ろ、裏側から入る。バットと、ボールを見る目が上下に離れてはダメだ。バットの角度は平行よりやや斜め。あまり角度をつけるとバットの円が大きいからフライになってしまう。角度としたら10度ぐらい。右バッターの場合、右手の20～25センチ先ぐらいに当てる。

よく卵をつかむ感じと言うが、右手で受け取る感覚と言ったほうがいい。

木製バットは球の勢いを吸収するが、金属バットはそうはいかない。木製バットは、手のひら親指の下の肉厚のところをクッション代わりに、先っぽに当ててやる。

バントの世界記録を持っている川相昌弘（元巨人ほか）は右手で取れるし、膝で調節していた。

バントができない選手は、ボールに対する恐怖心があるから次のような練習をする。

キャッチャーマスク、プロテクター、レガースをつけてバットの両端を両手で持って、マシンの１２０キロくらいの球を体の正面で当てさせる。これをやると恐怖心がなくなっていく。

●右バッターの場合、三塁側に8本、一塁側に2本の割合でバントの練習

なぜ三塁側へのバントは左手が使えず、角度的に難しいからだ。

逆に言えば、三塁側へのバントができれば一塁側へのバントはいつでもできると言っても過言ではない。

左バッターならその逆。角度的に難しい一塁側へのバントを8本、三塁側は2本。

高校野球は、右バッターはやはり一塁側へのバントが多い。だが、三塁側のほうが、一塁ベースへの距離も遠く内野安打になりやすいし、ミスが出やすいから本当はいい。左ピッチャーの場合、特に三塁側のバントは一塁に投げにくいということもある。

バスターに切り替える状況

サードが前に出てきているときには、三塁側に素直にバントしたら二塁に送球されて封殺されてしまう。状況判断をしないといけない。

そういう守備隊形だったら、バスターに切り替えるのも有効だ。「サードがここまで出て来たらバスターに切り替える」というラインを引いて練習し、バスターのサインも作っておくといい。

ファーストもすごいダッシュをして来た場合も投球を見逃すべきだ。ベンチも「バント継続」か「強打に変更か」を判断していくことだ。

左バッターでも同じ。相手投手も、左バッターに三塁前にバントをさせて二塁で封殺したいとアウトコースに投げてくることが多いから、逆手にとって「サードをめがけて打て」と指示する。すると、三塁線や三遊間を抜くヒットが打てるものだ。

これをピッチャーが警戒して、インコース高めに放ってきたら、一塁側へのバントは難しいから、足を引いてインコース高めが真ん中高めになるようにして強打するという方法もある。

いずれにせよ、バントの構えをしながら守備隊形や動きを見る。一塁側の方がセーフになりやすいのか、三塁側の方がセーフになりやすいのかを即座に選択して臨機応変に動くこと。

さて、左バッターのセーフティーバントは、簡単そうに見えて難しい。1度左足を踏み込んで、逃げるようにしてやるのがいい。最初から逃げながらやるとうまくいかないので、バットに確実に当ててから走ることだ。

スクイズを失敗しない方法

高校野球にとって、とても重要な戦法であるスクイズについて。

●最悪は「フライでゲッツー」「空振り、三塁ランナー憤死」。最低でもファウルにせよ

●バント（スクイズ）は「軸手」を動かしてはならない

甲子園の試合を見ていると、「バットを持つ軸手」、つまり右バッターなら左手、左バッターなら右手を握り替えてしまう選手が多く見られる。要するに、バットのマークの近くに軸手を移動させて短く持ち替えてしまうのだ。

だが、そうすると、外されたときにボールに届かない。スクイズはボール球もやらなければいけない。

バントもスクイズもバットの持ち方は同じ。軸手を動かしてはならない。

●スクイズを外されたときは、バットを投げてボールに当てる

バットをそのまま球に向けて投げると先っぽが重いから下に落ちてしまう。だから、先っぽを少し上に向けて投げると球が当たることがある。ファウルになればやり直しがきく。

その練習をしていると、感覚がわかって結構バットに当たるものだ。

ちなみに、右バッターならバットは左手で投げるほうが届くし、コントロールがつく。

●「ウエスト」のサインは簡単なものが多い

ノーアウトかワンアウトでランナーが二・三塁のとき、キャッチャーの「スクイズを外す（ウエストの）サイン」が二塁ランナーから見えることもある。グーかパーの簡単なものが多い。

そのときは二塁ランナーから、バッターと三塁ランナーに「スクイズ取り消し」のサインを出すと、外されて三塁ランナー憤死という事態を避けられる。

バッターはピッチャー越しに二塁ランナーが見えるからそのサインが出ればすぐわかるが、三塁ランナーはサインがうまく見えない。その場合は、三塁コーチャーが二塁ランナーのサインを受けて、三塁ランナーに伝えればいい。

これは「球種」をバッターに教えているわけではないし、問題ないはず。このくらい貪欲にやって自チームのピンチを防いでいきたい。

逆に、守備側は「ウエスト」のサインを簡単なものにしないこと。「どこかで見られている」と思ったほうがいい。

ちなみに、私が横浜高での現役時代の笹尾監督もバントやスクイズが大好きで、5点取っても10点取ってもまだスクイズのサインを出して来た。それが幸いして、私が卒業した翌年の夏、鎌倉学園高との決勝戦で5点ビハインドからバントバントで内野安打が3、4本、試合をひっくり返して初めて甲子園の土を踏んだ。

攻撃時のサイン

サインは、盗塁、ダブルスチール、バント、バントエンドラン、ヒットエンドラン、一塁走者が転ぶトリックプレーなど。

「キー」を決めておくこともあれば、「キー」なしでいくこともある。試合の途中で「キー」を変えることもある。最初は「帽子」だったのが「胸」になったり「ベルト」になったり。

「待て」や「打て」、もちろん「取り消し」のサインもある。その「取り消し」が相手にバレたら、今度はその「取り消し」のサインが三塁に行ったら「スクイズ」に変わることもある。また、「打て」のサインが三塁に行くと「スクイズ」に変わるものもある。

攻撃側はいかにサインを見破られないようにするか、守備側はいかにサインを見破っていくか、この攻防もまた野球だ。

金属バットと木製バット

高校野球は金属バット、大学生以上は木製バット。

バットの違いに伴い、バッティングは変わる。極端に言えば、木製バットの場合は芯が金属バットの3分の1しかないから、いかにバットの太いところに当てられるか。金属バットの場合は、芯が大きいからヒットになる確率も高い。

金属バットだと「ドアスイング気味の方が飛んでいく」というのも大きな特徴だが、ドアスイングの癖がついてしまうと、大学やプロで木製バットを使うようになってから大変だ。

ある甲子園常連校の選手たちがドアスイング気味だと感じる。その高校は常に150キロ級の球を打つ練習をしているそうだが、150キロの球を打つにはバットをドアスイング気味に出さないと芯に当たらない。

だから甲子園でも150キロの球は打つが、上に進んで木製バットになると苦しんでいる。チームとしてあれだけ甲子園で好成績を残しながら、プロで活躍している選手が少ないというのも、そのへんが理由なのだろう。

第8章 育成4 走塁

出塁したら4メートルの「片側リード」

リードを取るときにはどこに重心を置くのか。

もちろん真ん中だ。足裏の母指球に重心をかけ、二塁にも行けるし、一塁にバックもできる、どちらにも行けるような体勢を取る。

ウォーキングスタイルでいくと、キャッチャーが安心してしまうから、たまにクロスステップをして「盗塁するぞ」というスタイルのスタートもしなくてはいけない。

試合の中で初めてランナーが塁に出たら、「2ボール0ストライク」「3ボール1ストライク」のときバッターには「待て」のサインを出して、けん制をもらう。「3ボール0ストライク」は、相手側が「走って来ないだろう」と考えるので、けん制が来ない。

●ランナーに4メートル以上大きくリードをさせ、故意にけん制をもらう

4メートルのリードをとって、相手投手のけん制が「速い」のか「下手なのか」など巧拙を見るのが目的だ。「片側リード」とオレは呼んでいる。

カウント0—0で大きなリードをとってもけん制が来ないということは、「片側リード」だと相手にバレていると考えられる。

そのときは、一塁ランナーが上体を起こすとか、上体を軽く二塁方向に向ける動作をすると、本気のけん制が来る。

あえてけん制をもらうために大きく塁を離れるから、油断してアウトにならないように注意すること。早めに戻っていい。何度か放ってくれればだいたいの特性はつかめる。

ランナーというのは、ピッチャーが投げるのを邪魔するのも仕事。塁上でピッチャーを逆にけん制してやると、以下のような効果がある。

●右ピッチャーは左肩が一塁側に開き、バッターに投げても球に力が伝わらない

「ランナーが出ると球威が落ちる」と言われるピッチャーはそんなところにも原因がある。

●けん制は、顔が見える左ピッチャーより、後ろ向きの右ピッチャーのほうが危ない

左ピッチャーのけん制は球が遅い。右ピッチャーは後ろ向きだが、瞬時に球が来る。思い違いをしている人は意外と多い。

クセを知りたいが、「片側リード」を知っているチームのピッチャーはけん制を投げて来ない。そこで、けん制をもらえる方法がある。

●ダイヤモンドのライン上でなく、後ろ側（ライト側）にリードする

ピッチャーから一塁ランナーを見たとき、後ろ側にリードしていることで、一塁ベースとランナーの間が広く見えるからだ。ピッチャーは「リードが大きい！」とけん制を投げたくなる。だが、目の錯覚。実際はリードが大きくないからすぐ戻れるし、刺されない。ただ、あえてけん制をもらうときはいいが、実際に盗塁をするときは二塁ベースまでの距離が少し長くなるのだから不利になる。ヒットであわよくば三塁までというとき以外はまったく意味がない。二塁ベースへの距離が遠い分、封殺される確率も高くなる。

どうしてみんな後ろにリードするのか。ツーアウトでランナー二塁のとき、1ヒットで生還すべく、二塁ベースから膨らんでリードする。その感覚で一塁ランナーのときもつい後ろにリードしてしまうのだろう。甲子園に出るチームの選手でも多い。一塁のリードは、二塁に向って一直線にリードするのが正しい。

三塁盗塁を成功させる

■三塁盗塁が成功しやすい球種として、右投手のスライダーか、左投手のシンカー系のときにスタートする。

●最も有効なのは、「4メートルのリード」プラス「4メートルの盗み」

ピッチャーがランナーから顔（目）を切るのが早いとか、二塁ランナーを見ないとか、投球モーションが大きいとかクセを「盗む」。

それで4＋4＝8メートル出られれば、三盗はできる。

三盗の援護として、バッターは二塁ランナーの動きが丸見えだから、スタートが良いときは見逃し、スタートが悪ければカットしたり、打てばいい。練習で二塁ベースから8メートルのところにラインを引いて、そこに達していたら見逃し、達していなかったら打つ。8メートルに達していなくても、投球が緩い球ならセーフになる確率が高いから打たなくてもいい。だが、速い球や、左バッターへのストレートだと三塁に投げやすいから打っていく。盗塁は、バッテリーVS打者と走者。2人の共同作業で盗塁を成功させるのだ。

二塁ランナーは8メートルのリードオフ

走塁で一番難しいのは何か。その走塁のコツは？

●走塁で一番難しいのは、ランナー二塁、自分より右側（三塁ベース側）のゴロの打球判断（ノーアウトまたはワンアウト）

図解❾ 二塁ランナーは8メートルのリードオフ

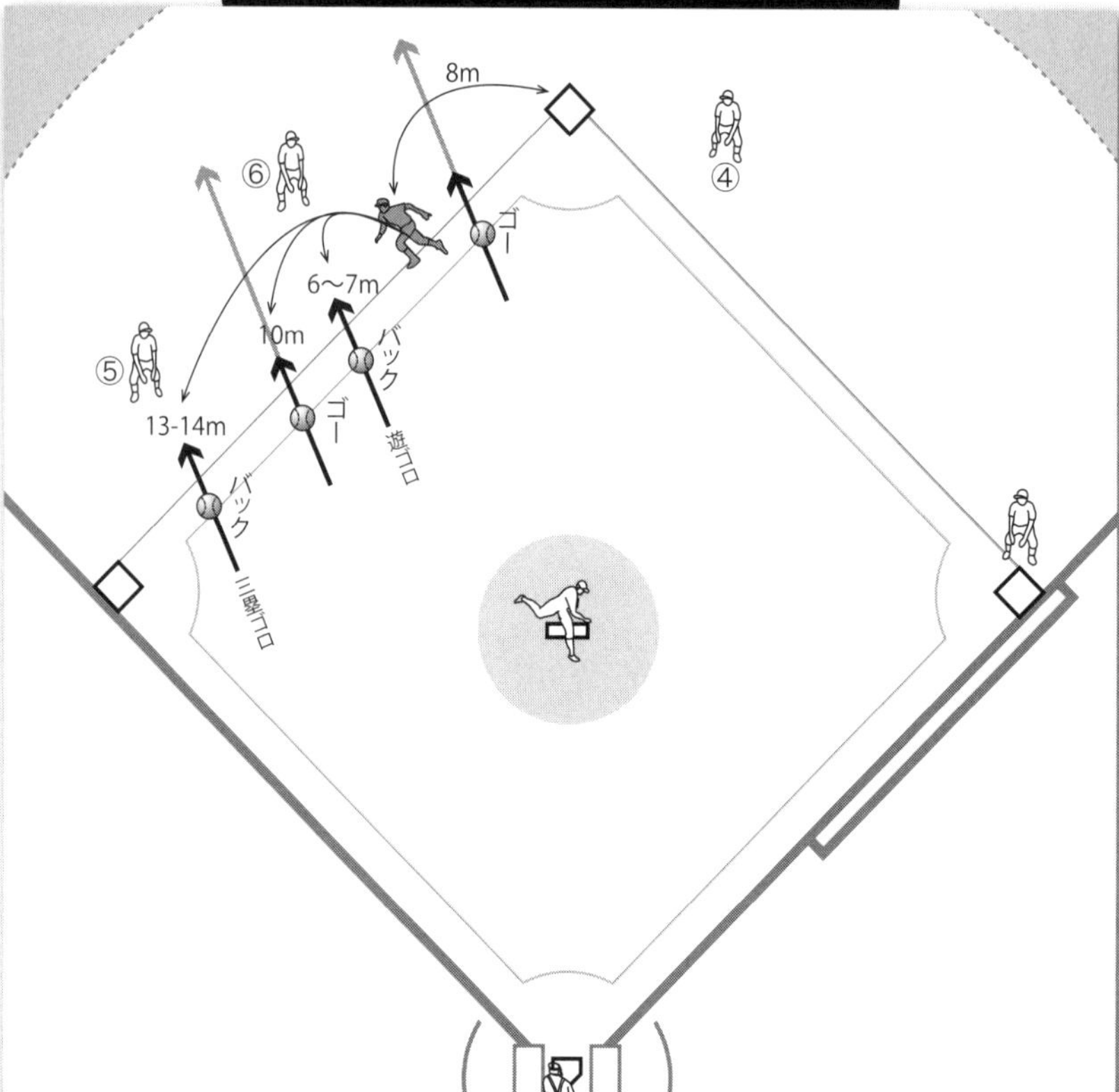

走塁で一番難しいのは、ランナー二塁、
自分より右側（三塁ベース側）のゴロの打球判断。
二塁ベースから「4メートルのリード」プラス「4メートルの第2リード（リードオフ）」
＝「8メートルのリードオフ」から、自分より左側に打球が飛んだらもちろん「ゴー」。
6〜7メートル右側なら遊ゴロだからバック。（だが、強い打球なら7〜8メートルでも抜ける）
10メートル右側なら三遊間ド真ん中を抜けるヒットだからゴー。
13〜14メートル右側なら三塁ゴロだからバック。
二塁ベースから計18メートルの「三遊間ド真ん中」というと、
学校の教室の端から端ぐらいの距離、日常生活の中でこの距離感をつかんでおく。
駅のホームなどで、自分で目印をつけて練習してもよい。

●二塁ベースから「4メートル＋4メートル＝8メートル」のリードオフの位置

「8メートルのリードオフ」から、自分より左側に打球が飛んだらもちろん「ゴー」だ。6～7メートル右側なら遊ゴロだし、10メートル右側なら三遊間ド真ん中を抜けるヒットだからゴー。13～14メートル右側なら三塁ゴロだからバック。【P218 図解⑨参照】

二塁ベースから計18メートルの「三遊間ド真ん中」というと、学校の教室の端から端ぐらいの距離、日常生活の中でこの距離感をとにかくつかんでおくといい。

二塁ランナーは背後のショートが見えない

ランナーが二塁にいるとき、ショートの守備位置はアウトカウントによって異なる。

ノーアウトでは、バントのときにランナーを三塁で刺したいので、二塁ベースに近づいてランナーを釘づけにする。

しかし、二塁ランナーは背後にいるショートの動きがよく見えない。特にノーアウトのときは、ワンアウトやツーアウトより、ショートが二塁ランナーに近いので注意。

そのとき、一塁コーチャーは自分の「腕の上げ下げ」で、ショートの位置を二塁ランナーに知らせることができる。一塁コーチは、コーチャーズボックスの一番打者寄りにいると、角度的に二塁ランナーから見えやすい。「ショートが定位置ならこの高さ、二塁ベース寄りならこの高さ、その中間ならこの高さ」と決めておくといい。

二塁ランナーはショートの位置がわかっていれば、内野に打球が飛んだとき、三塁に向かっても二塁に戻っても、タッチアウトになる確率がとても低くなる。

ワンアウト、ランナー二・三塁でのタッチアップ

強烈な内野ライナーにつられ飛び出してのゲッツーを避けるために、三塁ランナーには必ずベースリタッチをする習慣をつけさせている。

一歩だけでもバックすることを心がけておけば、外野への弾丸ライナーで飛び出すことなく、バック、リタッチができる。

また「ランナー二・三塁、または満塁」で外野フライ（ライナー）が飛んだとき、三塁ランナーがタッチアップするか否かの意思を、後ろの二塁ランナーに伝達する方法が何かないか、ずっと考えていた。

相手外野手も、ホームに間に合わないと思えば三塁ベースに返球することもあるし、特にライトフライのとき、二塁ランナーは三塁ランナーの判断をいち早く知りたいところだ。

そこで思いついたのが、三塁ランナーがタッチアップする前に、三塁ベース上で「腕をひと回し」してスタートするというものだ。そんなサインを作っておけばいい。それを見て、二塁ランナーは三塁にスタートする。

そして送球がホームに行くか三塁に来ているか確認する。二塁ランナーが刺されるとチェンジになってしまうので、故意に挟まれて、三塁ランナーを生還させなければならないし、自分自身が三塁にスムーズに進塁しやすい。

多くの高校を見ているが、どこもやっていないだろう。大学やプロでも見たことはない。採り入れる価値はあると思う。

ワンアウト一・三塁。3人の役割

ワンアウト一・三塁の攻撃。このとき、バッター、三塁ランナー、一塁ランナー、それぞれに役割がある。

●バッターの一塁ランナー援護

まずは一塁ランナーを二塁に盗塁させたいとき。一塁ランナーがいいスタートを切れなかったら、ファウルを打つなどして手助けをする。逆にいいスタートが切れたら何もしないか、空振りをして盗塁を援護するときもある。

●三塁ランナーの一塁ランナー援護

キャッチャーが二塁に送球したら「ホームに行くぞ」というジェスチャーをする。そうすることでセカンドが二塁ベース前で送球をカットしたら、一塁ランナーはゆうゆう盗塁ができる。

もし、三塁ランナーがジェスチャーをしなければ、セカンドはカットせず、一塁ランナーが二塁でアウトになる危険性も出てくる。三塁ランナーのジェスチャーは必須だ。

一方、送球をカットしたセカンドの三塁送球で自分がタッチアウトにならないよう、すぐ帰塁すること。

●一塁ランナーの三塁ランナー援護

ダブルスチールの形で、三塁ランナーをホームインさせたいときは、一塁ランナーがうまく挟まれるという作戦もある。スタートして4~5メートルのところで転んだふりをする。キャッチャーが一塁に投げるという前提のもと、三塁ランナーは早くスタートを切る。キャッチャーが三塁ランナーを見づらい右バッターのときのほうがいい。

ランナー一・二塁でのダブルスチール

プロ野球を見ていて「何で？」と思うことはたまにある。

その1つが、2013年WBC。井端弘和（巨人）が二塁ランナー、内川聖一が一塁ランナーで、井端がスタートを切っていないのに、内川が二塁に走って行ってアウトになったシーン。

「行けたら行け」というダブルスチールのサインだったようだ。相手キャッチャーは、三塁へ送球してもセーフだと思えば二塁へ送球することもあるから、少しでも早く二塁ベースにたどり着かなければという内川の気持ちもわかる。だが、あれは完全なる内川のボーンヘッド。前の走者を見るのは当たり前のことだ。

それにしても、あのプレーの真相を聞いてみたいと思っても、プロとアマにはまだ壁がある。数年前にプロとアマの断絶が雪解けし、元プロ野球選手が高校野球の指導者になれる時代になったが、いまだに「アマチュアがプロに技術的なことを聞いてはいけない」という規定がある。

横浜高OBのプロ選手がグラウンドにあいさつに来てくれるのは刺激になっていいが、質問してはいけないというのは中途半端だ。

私が横浜高の指導者時代、教え子との食事中であっても「あの球はどうやって投げているんだ」など、普通の会話ができないのは不可解なことだと思った。

ギャンブルスタート

ランナー三塁、どうしても1点が欲しいときは、ゴロが転がったら走る「ギャンブルスタート」だ。三塁ランナーからはピッチャーが真横だから投球も見やすい（低めの変化球が、一番ゴロの打球になりやすい）。

甲子園でやった代表的なギャンブルスタートが、春夏連覇をした松坂の代のセンバツ甲子園準決勝のPL学園高戦、2点を追う8回表。

先頭の加藤重之の二塁打からワンアウト二・三塁とし、打席には松坂。インコースのストレートを思いきり引っ張ると、打球は強烈な三塁ゴロ。ギャンブルスタートのサインを出していたので三塁ランナーの加藤はホームへ向かい、サードからの送球が加藤の左袖に当たりホームイン。さらに二塁ランナーもホームインして同点に追いついた。

あの2点は向こうのミスでもらった得点のように見えるが、実はこれ、綿密な作戦で取った2点なのだ。

三塁ゴロならキャッチャーの構えたところに三塁ランナーが背中を故意に持っていってホームインというのがこちらの狙い。

あのギャンブルスタートがなければ、春夏連覇もなかった。

ヘッドスライディングはNG

ヘッドスライディングは負けゲームの最後の打者走者はだいたいやっている。気持ちもわかるが、やはり駆け抜けたほうが速い。それに気が焦るのか、距離を計算しないでベースに近いところで滑ると、肩を脱臼したり、ベースで突き指をしたりする。

だが、三塁ゴロをギリギリで捕って悪送球が出そうなときは、一塁にヘッドスライディングをする用意をしておかないといけない。ボールがそれるということは、ライト側にそれてくれる分には普通に走ればいい。

一塁ベンチ側にそれると、タッチプレーがある。だからタッチされないように、内側にストレートスライディングか、最悪の場合はヘッドスライディング。ファーストの動きもよく見ておいたほうがいい。

ホームへのヘッドスライディングは、昔だったら完璧にブロックされたから損だったが、今は1カ所空けておかないと走塁妨害になることもある。ランナーは回り込んで手でタッチという練習もしておきたいところだ。

二塁ランナーの本塁突入、打者走者の二塁進塁のタイミング

【P228 図解⑩参照】

ランナー二塁でレフト前ヒットの状況。

Ⓐ打者走者が「一塁コーチャーズボックスの打者寄りのライン」に到達したときに、レフトと二塁ランナーを見る。

レフトがボールを握っていれば、二塁ランナーが三塁ベースを蹴って1~2メートルあたりが、バックホームは（内野カットマン経由、ノーカットともに）「いい勝負」になる。（少し遠いセンターがボールを握っていれば、二塁ランナーが三塁ベースを踏んだあたりが、「いい勝負」になる。）

Ⓑ次に、打者走者はⒶが終わったら、しっかり一塁ベースだけを見る。一塁ベースまで

最短距離でスムーズに回る。

Ⓒ打者走者は一塁ベースを3～4メートル回ったとき、レフトからの返球を見る。

そのとき二塁進塁か否かは4つの選択肢がある。

1レフトからの返球が高くてサードがカットできないなら、打者走者は自分の足と相談して、二塁進塁かどうかを決める（この場合、70％くらいは二塁進塁はセーフ）。

2カットマンのサードが動かない好返球の場合、バックホームはノーカットになる。打者走者は二塁に進塁できる。

3レフトからの返球が左右にブレた場合。

サードがカットしてもクロスプレーになりそうなときは本塁送球するから、打者走者は二塁に進塁できる。

4レフトからの返球が左右にブレた場合。

サードがカットして本塁送球するときと、本塁送球をあきらめるときがあるが、どちらかわからないときは二塁進塁をあきらめる（迷ったらやめる）。

なかなかこういう打球は飛ばないので、この状況判断の練習は、ノックでたくさん練習する。ライト前ヒットやセンター前ヒットの状況も同様にたくさん練習する。

三塁コーチャーにしても一塁コーチャーにしても、コーチャーズボックスのようなライ

図解⑩ 二塁ランナーの本塁突入、打者走者の二塁進塁のタイミング

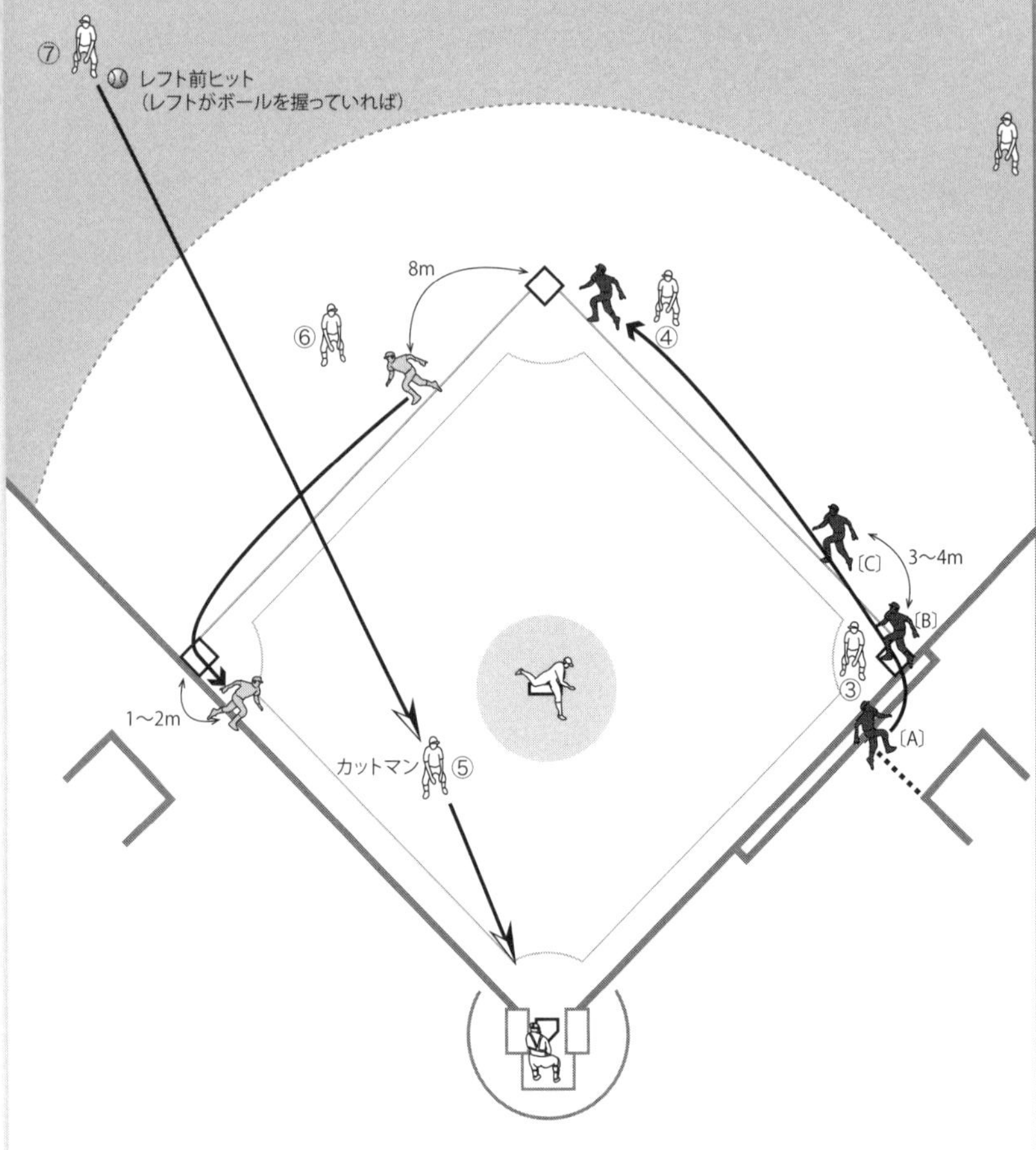

ランナー二塁でレフト前ヒットの状況。

〔A〕打者走者が「一塁コーチャーズボックスの打者寄りのライン」に到達したときに、レフトと二塁ランナーを見る。
レフトがボールを握っていれば、二塁ランナーが三塁ベースを蹴って１〜２メートルあたりが、
バックホームは（内野カットマン経由、ノーカットともに）「いい勝負」になる。
（少し遠いセンターがボールを握っていれば、二塁ランナーが三塁ベースを踏んだあたりが、「いい勝負」になる。）

ンを目印にして腕を回す判断材料にするのは面白い。高校野球のみならず、中学野球の指導者もぜひ選手たちに教えてあげてほしい。

また、最近は「3フィートライン」について審判が厳しいことを選手たちによく教えておかなければいけない。

本塁一塁の後半を走る際、ファウルラインの内側（向かって左側）を走って、一塁への送球や捕球を妨げたときバッターはアウトを取られやすいということだ。

あとがき　全国野球行脚、高校野球の伝道

オレの約40年の「野球データ」からの抜粋を「戦略」と「育成」に分け、紹介させていただいた。最後までお付き合いいただき感謝申し上げる次第だ。

高野連の理事長を長く続けた牧野直隆さんとは、実は親戚だ。オレの実の弟の妻の母親が、牧野直隆さんの妹さん。血はつながっていないが、結構近縁だ。

牧野さんが理事長をしていてオレが甲子園に出たとき、2度ほど会長室に挨拶に行った。その後はいろいろあって――簡単に言うと敷居が高いから行かなかった。

牧野さんは、慶大野球部で水原茂さん（巨人監督、東映監督などを歴任）と三遊間を組んだ人。高校野球のことをよく考えてくれた素晴らしい人だった。やはり根底に、高校野球を発展させたいという気持ちがあった。

形は違えど、オレも思いは同じだ。

引退してからというもの、よくオファーをいただくのが、神奈川大会の野球の解説だ。だが、アナウンサーが「これはこうですよね？」とか「いいプレーですね！」と言ったことに対して、オレは「そんなこともないですね」と言ってしまいそうだ（笑）。

それに試合中、解説したい場面が出て来ても、アナウンサーは「投げました、カーブです、ストライクです」「打ちました、ショートゴロ、ファーストに放ってアウト」などとしゃべるだろう。

するとオレが解説をしている時間がない。そんな理由で今のところはお断わりしている。試合後のダイジェストを見ながら、解説する時間を設けてしゃべるのならできるかもしれない。

「またどこかで監督やコーチをされるんですか？」とよく聞かれるが、渡辺元智が横浜高の監督をしているうちは、敵になるのもイヤだからやらない。

神奈川では部長でないとベンチに入れないが、東京では外部コーチが助監督としてベンチ入りできる。相手の偵察と試合の采配だけならオレも大丈夫かとも思う。

最近、青森から沖縄までいろんなところに野球を教えに行った。

神奈川大会をそんなに見るチャンスはないが、神奈川の有力どころ、ライバル校の監督にも、野球について聞かれれば断れなくて何でも教える。

質問してくる監督の向こう側には「勝ちたい」「上手くなりたい」と思っている選手が

いるわけで、オレから学びたいというなら教えてやりたいと思うのが人情だ。

オレの話を監督やコーチ、選手たちが目を輝かせて真剣に聞いてくれるのは本当に嬉しいし、指導者冥利に尽きる。最近は、できるようになったMVP選手にはオレの皮手袋をプレゼントしてしまう。1度教えに行くと1つか2つ減っていく。それもまた嬉しい。

手厚く歓迎してくれるところもあるが、あまりカネを使ってほしくないから夜の食事などは断わっている。ご飯はコンビニ弁当で十分。ホテルも寝るところと風呂があればいい。この前泊まったホテルも、掃除もなくてゴミの回収にも来ないようなところだった。

しかし何より嬉しいのは、しばらくしてから連絡をもらえることだ。

「試合、勝ちましたよ！」

「あのプレーができるようになりました！」

「1年生大会で優勝できたんです！」

そんな言葉がオレのエネルギー、活力源になる。オレは野球が大好きだから。

これからも、オレの野球を学んで強くなりたいと思ってくれる指導者がいるならば、できる限り足をのばすつもりでいる。「そこまで細かいのか！」というものもたくさんある。だが、それを覚えておけば、勝てるようになるし、上のレベルに行ったときに楽だ。ぜひ挑戦してみてほしい。

オレは野球しかわからなくて、カネもなくて女房に苦労をかけっぱなしだったが、野球と女房がいつもそばにいてくれて幸せだ。
その野球もあと何年教えられるかわからない。自分がこれまで考えてきた野球を、知りたいという人にぜひ伝えたいと思っている。

二〇一五年五月

小倉清一郎

◆著　者／小倉清一郎
◆編集人／飯尾哲司（竹書房）
◆カバーデザイン／橋元　浩明（ｓｏｗｈａｔ）
ＤＴＰ／鈴木しおり（Ａｓｐｏｐ）
図解製作／道信勝彦（オムデザイン）
◆写真提供／日刊スポーツ
産経ビジュアル
◆協　力／横浜高校
野球殿堂博物館・小川晶子、茅根拓
山田直人

小倉ノート

甲子園の名参謀が明かす「トップチーム」の創り方

二〇一五年　七月二日　初版第一刷発行
発行人　後藤明信
発行所　株式会社　竹書房
〒一〇二-〇〇七二
東京都千代田区飯田橋二-七-三
電話　〇三-三二六四-一五七六（代表）
電話　〇三-三二三四-六二〇八（編集）
振替　〇〇一七〇-二-一七九二一〇
ＵＲＬ　http://www.takeshobo.co.jp
印刷所　共同印刷株式会社

ISBN　978-4-8019-0330-2 C0076
定価はカバーに表示しています。
落丁・乱丁は当社にてお取り替えいたします。